1627

Maquette : Bruno Vergnas

EAN : 9782367603537

Gauthier Devars du Mayne

1627

roman

ERICKBONNIER

Armand-Jean du Plessis, Cardinal de Richelieu

« D'argent à trois chevrons de gueules »

George Villiers, Duc de Buckingham

« D'argent sur une croix de gueules à cinq coquilles d'or »

Jean Guiton, sieur de Repose-Pucelle, Maire de La Rochelle

ARMOIRIES DE JEAN GUITON

« Coupé, au 1 de gueules à la branche de gui de sinople,
au 2 d'azur au thon d'argent nageant vers dextre »

Catherine de Parthenay, Duchesse de Rohan

« Burelé d'argent et d'azur, à la bande de gueules
brochant sur le tout »

Henri de Schomberg, comte de Nanteuil-le-Haudouin
et de Durtal, duc d'Alluyn, Maréchal de France

« D'or au lion coupé de gueules et de sinople armé et lampassé de gueules »

Jean du Caylar d'Anduze de Saint-Bonnet,
seigneur de Toiras, Maréchal de France

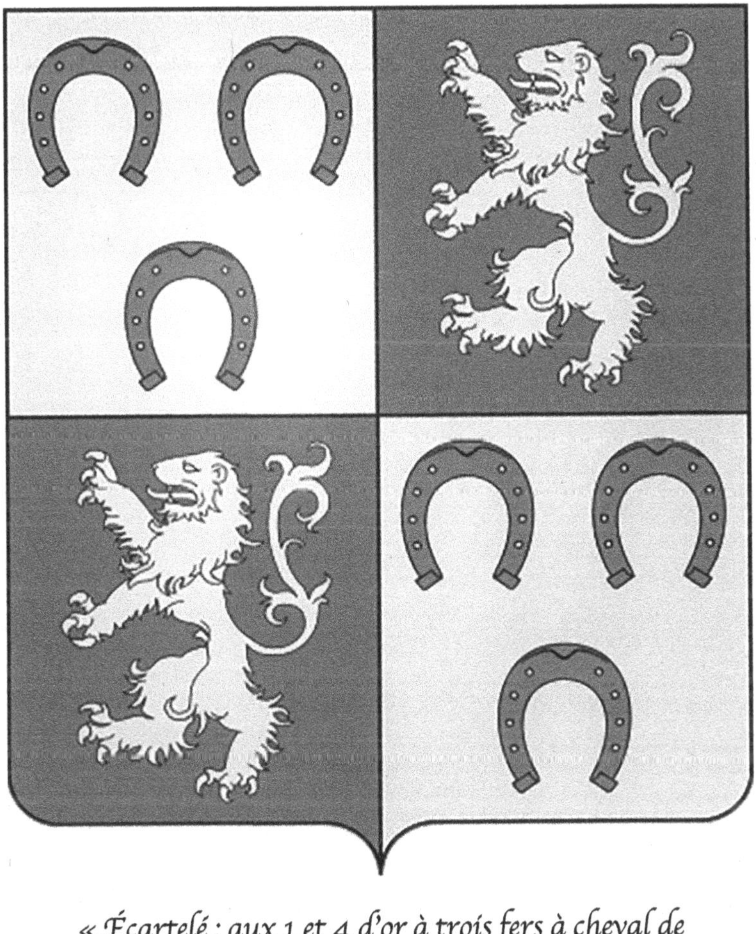

« Écartelé : aux 1 et 4 d'or à trois fers à cheval de gueules ; aux 2 et 3 de gueules au lion d'or »

En La Rochelle

L'océan était agité ce 10 septembre de l'an de Grâce 1627 et du haut des remparts cerclant puissamment la ville de La Rochelle, la silhouette d'un homme dansait, les plis de son manteau ondulant, presque dans le même mouvement que celui des vagues. Il devait avoir entre quarante et quarante-cinq ans, avait la chevelure rousse, une moustache de gentilhomme de la même couleur. Il était assez beau mais le poids des guerres, des années et des charges politiques avait depuis longtemps, basané, marqué ses traits, son teint. Il était le maire de la cité et quoi de mieux qu'un marin pour assurer cette besogne. La longue rapière qui pendait à ses côtés râpait le sol de sa pointe et sa dévotion à la foi huguenote, à la Réforme, se voyait instantanément à sa tenue, noire de la tête aux pieds, uniquement ponctuée par une discrète fraise blanche, à peine visible. Même cette grande épée, avec sa garde espagnole en acier, était d'une parfaite simplicité, loin des Ducs ou Grands, loin des catholiques, dont les lames tenaient plus de l'orfèvrerie que de la guerre, avec leurs pommeaux en pierres précieuses et coques en or massif. Il n'y aurait aucune différence lorsque le corps à corps viendrait. L'acier reste l'acier et celui qui le plante, survit.

Cet homme, que nous regardons contempler l'horizon avec inquiétude n'était autre que Jean Guiton, fils d'une des plus grandes familles d'armateurs de la ville. Il semblait humer l'air avec une certaine gravité, presque plus qu'à l'habituelle, comme s'il attendait quelque chose.

Une deuxième silhouette, enveloppée d'une longue cape à capuchon, monta les degrés derrière lui afin de se mettre à ses côtés, en silence, sans mot dire et se mit à scruter l'horizon de la même manière. Une femme, ou plutôt une dame, d'une immense beauté, habillée simplement mais richement sous son long manteau, dont l'apparence quelque peu guerrière tranchait avec son élégance naturelle. Il s'agissait de Catherine de Parthenay, sans doute la plus grande femme du siècle, malgré le fait que sa dévotion à la foi réformée lui ait valu le courroux des grands du royaume, fidèles au roi et à la religion catholique. Cela n'empêchait une part de respect de tous, même de son Éminence le Cardinal de Richelieu.

Son histoire singulière et antérieure à ses événements sera narrée par la suite mais celle que l'on nommait la mère des Rohan, avait déjà alors eu une vie fort remplie à son arrivée à La Rochelle en 1626, un an auparavant, avait bien pesé dans la résistance aux velléités du ministre royal. Elle le courrouçait et elle le savait. Il l'admirait en même temps et elle le savait aussi.

Comme nous le disions, Catherine vint se ranger à côté du marin, puis se découvrit, faisant sortir ses longs cheveux bruns, bouclés et volumineux comme l'écume qui dansait en cette matinée. La cité était alors encerclée par vingt mille hommes du côté terre et côté mer, les îles de Ré et Oléron, solidement fortifiées étaient l'objet de toutes les convoitises. Il y avait eu déjà deux tentatives qui n'avaient rien donné, un rappel à l'ordre de ne surtout pas laisser ces îles sans surveillance ni encore mois sans fortifications, de peur de revoir le goddon, huguenot de surcroît, revenir tenter d'aider les Rochelais.

— Quelque chose se prépare mon ami, j'en ai bien l'impression ! dit alors la vicomtesse. Cela grouille dans tous les régiments, que se passe-t-il enfin ?

Sans la regarder, le capitaine de la ville lui intima le silence, en mettant son doigt sur ses lèvres, ce qui figea l'intéressée mais elle en fut réveillée par un frisson. Un canon venait de tonner.

— Le siège a vraiment commencé ma chère. Ce bon Cardinal a l'amabilité de nous le faire savoir galamment ! Rentrons, il va nous falloir sauver la ville, mais désormais aussi sauver notre peau, venez !

Et ils s'engouffrèrent dans les escaliers intérieurs d'une poterne, plongeant dans la muraille.

•••

Il faut dire qu'il s'en était passé des choses depuis le début de cette année 1627 et plus généralement, depuis que le bon roi Henri avait accordé un statut tout particulier à la ville dans laquelle se situaient alors nos protagonistes. Il convient certainement de rappeler cela à notre lecteur.

En effet, avec la signature de l'Édit de Nantes par notre feu roi, le Vert Galant, en avril 1598, La Rochelle, cité riche de vingt-deux mille habitants dont près de dix-huit mille huguenots, était devenue un haut lieu de la religion réformée en France. Ce port, dernière place de sûreté pour eux-mêmes, était en relation avec les Provinces Unies devenues calvinistes et recevait de la mer, l'aide de l'Angleterre. Double menace pour le royaume de France et ça, Armand Jean du Plessis, plus connu sous le nom de Cardinal de Richelieu, l'avait immédiatement compris.

Sans doute galvanisée par cette triple protection, en mai 1621, La Rochelle proclame son indépendance et la constitution d'une « Nouvelle République », largement inspirée du modèle de la République de Genève sous Jean Calvin. Le roi Louis XIII confie en juin 1621 au Duc d'Épernon le soin de faire le siège de la ville.

La principale crainte de Richelieu était que cette place forte devienne une sorte de bastion d'où les huguenots, aidés financièrement par l'Angleterre et la Hollande, pourraient mettre en péril le pouvoir royal. Le ministre déclarait alors :

— Il faut couper la tête du dragon !

L'année 1627 est donc marquée par une longue série de mesures préventives prises à l'encontre de ce bastion huguenot, afin d'enrayer son influence. Mais les hostilités avaient déjà réellement commencé. En effet, le 11 mai 1625, Henriette-Marie de France, fervente catholique et sœur de Louis XIII, épouse Charles Ier d'Angleterre, l'anglican. La mésentente entre les jeunes mariés s'accélère alors prestement et le roi de France prend fait et cause pour sa parente. En 1626, ce conflit tourne en véritable agression lorsque George Villiers, premier duc de Buckingham, favori du souverain goddon, s'empare de vaisseaux français sur les côtes de la Manche. Peu après, il quitte le port de Portsmouth, direction l'île de Ré, avec cent dix navires et huit mille hommes. Il y débarque le 12 juillet 1627, sur la plage de la pointe de Sablanceaux, avec pour objectif de contrôler les abords de La Rochelle mais aussi d'encourager la rébellion de la ville.

Celui qui fût pour Alexandre Dumas le favori d'Anne d'Autriche alors qu'il ne le fut pas du tout, avait été chassé de la cour de France. Il voulait se revancher, ce pour quoi il commandait cette expédition. Assassiné l'année suivante, ce fut une véritable célébration et pas seulement en France, mais bien sûr sa Grande Île.

C'est donc dans ce contexte que nous retrouvons nos personnages. Les goddons, forcément, comme à leur habitude, n'ont pas dit leur dernier mot, vous vous en doutez.

Richelieu voit cela comme un avertissement et ses manœuvres s'accélèrent. La ville est alors encerclée par vingt mille hommes et le ministre prend lui-même la tête des opérations.

C'est celui-ci d'ailleurs, que nous retrouvons, au même moment que nos deux huguenots mais de l'autre côté !

En effet, son Éminence s'occupait de l'affaire en personne comme nous venons de le dire et était donc sur place. Il se trouvait même à côté de la pièce de canon qui avait annoncé le début du siège. Reconnaissable entre tous, il était couvert de fer, plastron, cubitières, genouillères, en harnois complet de couleur eau et sa longue cape de cardinal, rouge sang, flottait aux vents, déjà couverte de poussière, embruns et poudre.

Il croisait les bras, son œil vif concentré sur la cité, filant sa moustache blanche parfaitement taillée. La Rochelle, l'hérétique, obsédait toutes ses pensées et rendait blanches ses nuits depuis déjà fort longtemps.

Le pouvoir royal était réellement menacé par cette poche de résistance huguenote, qui recevait le soutien de l'Angleterre et entraînait la contagion du dogme réformé dans le reste du royaume. Certains Grands l'avaient déjà épousé et cela ne faisait que progresser. Elle devenait même une vraie contestation contre le Roi et, pour l'ancien évêque de Laon, il fallait stopper cette progression à n'importe quel prix. En effet, il avait compris très tôt que son intérêt ne passerait que par celui du Roi, qui dépendait lui-même de celui du Royaume. Servir le Roi, c'était se servir soi-même !

— Bien ! dit-il tout haut, un grand sourire dessinant son regard, ses yeux aquilins et vifs brillants d'excitation.

Il tourna les talons et plusieurs personnes de la plus haute importance s'offrirent à sa vue.

Tous trois étaient enferrés et en grand bobant. Il y avait Gaston d'Orléans, le frère cadet du roi Louis XIII. Son armure était comme de la dentelle, les coutures, liserés et autres fins détails étaient en or, les plates de fer de couleur transparente comme un miroir.

Il était décoiffé, son bassinet collé au corps par son bras senestre dont les cubitières tenaient plus du travail de l'orfèvre que du fèvre. Celui-ci était orné de magnifiques plumes d'autruche. Quant à sa propre personne, il devait avoir entre dix-huit et vingt ans, avait le port de tête haut, des traits nettement plus féminins et fins que ceux de son frère aîné mais avec moins de feu dans les yeux. Il portait le cheveu noir mi-long et la moustache cavalière, comme d'ailleurs ses voisins. Ceux-ci étaient des seigneurs de grande importance et constituaient le commandement triple de l'armée royale. Il y avait Louis de Nogaret d'Épernon, Cardinal de la Valette, Jean de Saint-Bonnet de Toiras et Henri de Schomberg.

Le premier de ces glorieux personnages, comme son nom seul suffit à le prouver, était issu d'une famille à l'histoire et la renommée lointaine. En effet, son père, Jean Louis de Nogaret de la Valette avait été un immense guerrier, un mignon d'Henri III et il était même présent lors du régicide de son successeur Henri de Navarre le quatrième. Il était donc le fruit de l'union de cet homme et de Marguerite de Foix. D'abord abbé de différentes cités, il devient aumônier de Louis XIII, puis est ordonné Cardinal en 1621. Nous le retrouvons ici en lieutenant des armées du Roi mais sa proximité avec Richelieu lui valut le surnom de « Cardinal Valet ».

Jean du Cayla de Bermond d'Anduze de Saint-Bonnet est le neuvième et dernier fils d'Aymar de Saint-Bonnet du Caylar, seigneur de Toiras et de Françoise de Claret de Saint-Félix, dame de Pallières. Il est, dès l'âge de quatorze ans, page, puis gentilhomme ordinaire de la maison du Roi auprès de Henri IV. Il est nommé, à vingt-cinq ans, lieutenant de vénerie au service de Louis XIII, puis capitaine aux Gardes du Roi. Bien que huguenot lui-même, il restera fidèle au roi et le soutiendra dans sa lutte contre le parti de la religion réformée. Ses qualités de stratège, son courage et sa loyauté le feront distinguer par ses pairs et son suzerain, au côté de qui il participera efficacement à la prise de Saumur au printemps 1621, aux sièges de Montauban et de Montpellier les années suivantes mais c'est juste avant nos événements que son rôle devint décisif et sa présence précieuse.

En effet, en janvier 1625, le duc de Rohan et son frère Benjamin de Rohan, seigneur de Soubise, soulèvent une nouvelle fois les huguenots. Les îles de Ré et Oléron sont prises par l'aîné des deux frères, qui lance des escarmouches victorieuses contre les vaisseaux et les troupes royales à proximité de La Rochelle.

Richelieu le fait attaquer par Jean de Toiras dont nous parlons et le duc de Montmorency qui, après l'avoir battu d'abord sur terre le 15 septembre 1625, s'emparent d'une partie de sa flotte dans la rade de Saint-Martin. Le cadet défait Soubise, se réfugie sur la Grande Île.

Toiras, fait Comte depuis cette victoire, est alors gouverneur de Ré. Il y perdra son frère Rollin de Saint-Bonnet de Toiras. Autre personnage important qui périt en ce lieu, le Baron de Chantal, père de Marie de Rabutin, alors âgée de dix-sept mois, qui deviendra la célèbre Marquise de Sévigné. Tout cela sera conté à notre lecteur un peu plus loin.

Le troisième capitaine était Henri de Schomberg, comte de Nanteuil-le-Haudouin et de Durtal, duc d'Alluyn. Ce gentilhomme dirige l'artillerie royale lors du siège de Montauban. Le 15 février 1622, il sera nommé dans la charge de grand maître de l'artillerie de France en remplacement du protestant Maximilien II de Béthune, le fils aîné de Sully. Il dirigera l'artillerie royale lors du siège de Montpellier.

En 1625, Louis XIII le fait maréchal de France et c'est dans ces fonctions que nous le retrouvons à la tête de l'armée royale, se partageant le commandement avec les deux autres cités, mais obéissant au Cardinal.

La première vraie bordée de canonnades fut envoyée et nos quatre personnages regardèrent les nuages de fumée s'élever autour des pièces d'artillerie, qui avaient commencé alors le pilonnage de la cité.

— À vos commandements, Messeigneurs, et pour le Roi ! cria Richelieu alors.

Tous trois s'exécutèrent, conscients de la responsabilité de leur charge.

Devant La Rochelle
ou plutôt dessous

À ce même instant, nous retrouvons un autre participant de cette grande entreprise. Il avait certes, moins de panache et sa besogne était nettement plus ingrate, mais tout aussi essentielle que les décisions prises lors de ces conciliabules de commandement. Il n'avait plus rien du beau jeune homme qu'il était, sous l'immense couche de poussière, de suie, de bave, de glaires qui lui couvrait le visage. Il était posté dans une caponnière, c'est-à-dire un tunnel creusé vers la cité afin d'attaquer les fondations et peut-être d'y pénétrer, ou d'affaiblir une muraille. On aurait appelé cela une sape quelques siècles plus tôt.

Toujours est-il que Tancrède de Montvallon avait été envoyé avec son camarade de toujours, Nicolas Bracieux, par le capitaine de son régiment, qui n'était autre que le Maréchal de France, Toiras, désormais connu de notre lecteur. Il devait avoir entre vingt et vingt-deux ans. Son visage, normalement clair aux traits fins, était couvert de poussière, de terre, mélangée à la buée que créait sa si difficile respiration dans ce tunnel, qui ressemblait à l'enfer sur terre. Il progressait à plat ventre, la tête la première, comme un rat dans un boyau, une corde nouée autour du poignet en guise de mèche. À chaque canonnade qui avait lieu à la surface, les deux infortunés s'immobilisaient, se tapissaient contre le sol en priant pour que la cité tout entière ne leur tombe pas sur la hure, puis ils soufflaient sur leur mèche respective, ressaisissaient leur coutelas, torche, puis poursuivaient leur terrible progression.

À tout moment, la galerie pouvait s'écrouler, mais l'ennemi, qui avait creusé de son côté aussi pour se préparer à ce type d'assaut, pouvait surgir à n'importe quel moment et le corps à corps pouvait être atroce. Des bombes de soufre pourraient aussi être lancées et l'on mourrait étouffé dans les plus terribles souffrances.

— C'est l'enfer sur terre mon compain ! Que le diable nous emporte d'être descendus !

— Parce que nous avions le choix selon toi ? lui répondit Tancrède, entre deux quintes de toux.

— Silence ! Si les huguenots sont là, ils auront entendu ta toux, reprit immédiatement Nicolas à voix beaucoup plus basse.

— Là encore, je ne choisis pas, compère, je subis !

Une énorme déflagration vint faire taire les deux camarades et arrêter leurs chamailleries. Une bordée de boulets venait une nouvelle fois de s'abattre sur la ville hérétique. La face dans la poussière, ils attendirent le retour du silence, soufflèrent sur leur mèche et reprirent leur progression. Leur ventre était froid, rampant dans cette gadoue qui faisait merdasse, l'odeur était épouvantable, tout l'était.

Ils avaient justement reçu pour ordre d'aller s'enquérir de mouvements ou traces de l'ennemi, dans les entrailles de ce qui avait été creusé jusqu'alors. Sveltes et athlétiques, jeunes, ils avaient bien entendu été désignés.

Si trace d'une quelconque présence ou preuve d'ouvrage des défenseurs furent découvertes, ils utiliseraient la grosse grenade ronde, bourrée de poudre, à la mèche si courte, que le repli, à reculons, serait quasi impossible sans y laisser des plumes. C'était de loin la besogne la plus dangereuse à cet instant dans cette campagne militaire. Un véritable cercueil !

Ils arrivèrent à la fin de l'étroit sous-terrain droit qui se séparait entre deux nouvelles galeries. Merdaille laquelle choisir ? L'air se faisait encore plus rare et chaque respiration vous envoyait des lames dans les poumons Un conduit semblait monter vers la surface et l'autre avait l'air au contraire de s'enfoncer encore plus profondément dans les entrailles noires de ce pays. Tancrède, qui menait, s'arrêta en silence puis se retourna vers son camarade d'infortune :

— À dextre ou à senestre allons-nous, selon toi ?

— Qu'est-ce que j'en sais ? Faut qu'on trouve s'il y a du mouvement chez ces enfants de ribaudes et bien trouvons ! Où sommes-nous par rapport aux murailles penses-tu ?

— On doit s'en approcher mais…

Il n'eut pas le temps de finir car les deux compagnons s'étaient figés, le sang littéralement glacé et le cœur en folie. Un petit crac s'était fait entendre. Un bruit comme un craquement de bois, ce qui paraissait peu naturel aussi profond sous terre. Il y avait à cet embranchement, la place pour se mettre sur les genoux mais pas plus.

« Remarque, c'était déjà mieux qu'à plat ventre la tête la première », se dit alors Nicolas en son for intérieur ! Ils se collèrent l'un à l'autre, les fesses sur les talons coupants de leurs bottes élimées de soldats. Tancrède avait jeté sa torche loin dans le boyau duquel ils venaient. Les grenades avaient été délicatement déposées sur le sol. Leurs deux mains étaient libres pour agir mais la main dextre serrait les longs poignards qui, compte tenu de l'étroitesse des lieux, avaient été préférés aux dagues ou mains gauches, plus mortelles, mais moins manœuvrables. Ils ne bougeaient plus le moindre cil et retenaient presque leur respiration. Ils échangèrent un regard, les yeux écarquillés, et Nicolas mit un doigt sur sa bouche en serrant sa lame devant lui avec l'autre main.

Tancrède ne pouvait s'empêcher de porter une main à son menton et de faire tourner nerveusement entre ses doigts ses poils de barbe. Une habitude compulsive qu'il avait depuis longtemps, synonyme d'anxiété. En effet. Il y avait de quoi. Le silence, l'oreille à l'affût du moindre son, la respiration si difficile et douloureuse aurait fait foirer dans ses braies n'importe qui. Il n'en était d'ailleurs pas loin, comme son compain dont le sphincter venait de s'ouvrir, dégageant une odeur épouvantable qui vint immédiatement dans les naseaux de notre autre jouvenceau. Il dut faire un effort considérable pour ne pas glairer, ce qui les aurait fait remarquer, si toutefois l'ennemi fut proche.

Des bruits recommencèrent. La terre de la paroi contre laquelle ils étaient collés tremblait et commençait même à se fandiller au fur et à mesure que ce qui apparaissait maintenant clairement comme un martèlement, se faisait ouïr et que la crainte, l'excitation d'une confrontation avec ceux d'en face se sentaient en chacun d'eux.

Les deux jeunes gentilshommes étaient des soldats, mais toutes leurs preuves restaient à faire sur le champ de bataille et l'adrénaline des premières vraies escarmouches était palpable. Qu'allait-il se passer ? Que fallait-il faire ?

Tancrède se retourna vers son compain et d'un geste de la main, lui intima de retourner sur ses pas, s'éloigner un peu de ce mur qui cachait les Rochelais. Au moins, ils avaient leur information, l'assiégé comptait ne pas se faire berner par ce type de duperie, qui était fort efficace.

Ils se postèrent à quelques toises et s'immobilisèrent de nouveau. Nicolas parla du plus mince filet de voix qu'il eut pu faire :

— Qu'est-ce qu'on fait ? Merdaille, on détale moi je dis !

— Il est trop tard ami, le temps que nous rampions comme des rats, ils seront là et n'auront plus qu'à nous tirer comme des lapins ou nous faire suffoquer ! Prépare-toi, il faut prier qu'ils ne soient pas nombreux. Reste derrière moi, souffle sur ta mèche et prends les deux grenades !

Tancrède regardait sa mèche, elle était presque éteinte, il n'avait pas pensé à l'attiser alors qu'il l'avait demandé à son compagnon, avec un air de quasi-commandement. Il reconcentra sa vision troublée par la sueur et la poussière qui s'accumulaient sur ses yeux, normalement d'un bleu gris, sombre, profond, loin du bleu saphir des demoiselles, mais qui étaient plus un mélange de noir et de rouge à cet instant. La terre commençait à s'effriter du pan qui était à leur senestre, les bruits devenaient de plus en plus distincts et les deux amis pouvaient même entendre l'ennemi parler.

— Merdaille ils ont bien avancé ces fils de putains catholiques ! On va tomber sur une galerie les gars, purent-ils entendre de l'autre côté.

— On va leur faire exploser la goule, ça remontera jusque dans les couillons du roi lui-même ! entendirent-ils d'un deuxième larron, et plusieurs gloussements s'en étaient suivis.

Les bruits de creusement continuèrent et la terre tombait à pleines poignées. Tancrède et Nicolas étaient à genoux, la dague levée, prêts à passer à l'action.

D'un regard, ils s'étaient mis d'accord. Nicolas tenait une grenade dont il avait silencieusement coupé la mèche afin de la raccourcir au maximum. De la paroi, finit par apparaître un coutelas, puis une main et ensuite la hure d'un manant de La Rochelle. La vision était quasi surréaliste. Le huron avait le cheveu à l'écuelle mais crénelé, une bouche édentée, avec de petits yeux noirs qui faillirent sortir de leurs orbites lorsqu'il tourna la hure vers nos amis.

Tancrède avait bondi vers le haut, lui plantant sa lame dans le cou, puis il la tira hors des chairs avec un mouvement vers le côté, cherchant à sectionner la carotide dans une gerbe de sang noir. Le bougre tentait de crier mais aucun son, à part un flot de bulles qui sortait de sa bouche.

Voyant que le travail n'était pas fini et qu'il avait échoué à l'éliminer rapidement, il lui trancha la gorge sèchement d'une oreille jusqu'à l'autre, pénétrant profondément et coupant net la trachée et tout ce qui allait avec.

Ça gueulait sec, derrière le huguenot qui agonisait, mais personne ne pouvait venir le secourir car il n'y avait pas de vrai orifice. Ces semblables commencèrent à vouloir faire tomber la paroi en cognant dessus mais notre protagoniste poussa la tête du malheureux dans la galerie adverse et fixa son compain pour qu'il fasse sa part du travail. Après un dixième de seconde où la peur se lut sur son visage, celui-ci bondit, la grenade à la main avec une mèche de quelques pouces à peine, allumée, qu'il balança dans l'entrebâillement, le plus fort et loin possible. Ils se précipitèrent alors la tête la première dans le couloir de rats par lequel ils étaient arrivés en poussant fort sur leurs avant-bras et genoux, désormais en sang, afin d'échapper à l'explosion qui allait avoir lieu à tout instant.

— Vite l'ami ça va péter ! eut le temps de crier Tancrède pendant que ce coup-ci, les hurlements de panique des huguenots pris au piège se faisaient entendre.

Ils tentaient eux aussi de battre en retraite mais la sourde détonation eut lieu.

Malgré la quantité de poudre, la déflagration fut conséquente et de nouveaux cris, mais de douleur cette fois-ci, résonnèrent.

Les deux amis avaient pris plusieurs pouces de terre sur la goule et avaient senti leur cul roussir mais ils étaient en vie. Ils continuèrent alors leur progression en dégageant les gravats avec leurs mains, se les écorchant, se retournant les ongles, animés par l'instinct de survie. Une frénésie claustrophobe s'était emparée d'eux surtout qu'au même moment, cela bougeait dans l'autre camp.

— Ancelle, occupe-toi d'eux ou plutôt de ce qu'il reste d'eux avec tes gars, nous, on poursuit ces bâtards !

— Crevez-les !

Trois ou quatre huguenots enjambaient les corps bien abîmés et à moitié ensevelis de leurs camarades pour s'élancer à la poursuite des responsables. Les caponnières avaient tenu d'un côté comme de l'autre.

Les ingénieurs sapeurs avaient fait du bon travail de l'autre côté, il allait falloir le rapporter au commandement, si l'on s'en sortait, ce qui pour le moment n'était pas gagné !

— Les voilà ! résonna une voix caverneuse à leurs trousses.

— Merdaille, Tancrède, ils sont sur mon cul, peux pas me retourner ! Un coup de pistolet claqua et illumina la pénombre, à l'embranchement entre les différents boyaux, là où ils avaient fait leur œuvre.

— Ahhhh, les putains, ils m'ont eu ! Dans le potron les salauds ! Fais quelque chose, pas envie de crever dans ce merdier ! Il avait en fait été touché par un éclat de roche mais dans cette panique et avec la malepeur, il avait eu fort mal, certainement plus surpris qu'autre chose.

L'intéressé prit l'autre des deux projectiles qu'ils avaient emportés, celui-ci miraculeusement resté près de lui. Il coupa la mèche avec sa lame en une fraction de seconde, se retourna sur le bras dextre pour voir ce qu'il advenait de la corde qu'il portait au poignet afin de mettre à feu mais évidemment celle-ci était éteinte. Il tâtonna pour tenter de retrouver la torche qu'il avait tantôt jetée mais là encore il ne trouva que le bâton, légèrement fumant.

— Par tous les diables ! cria-t-il, nous sommes cuits compain !

Et ils attendirent qu'une nouvelle arquebusade vînt leur exploser la cervelle.

Mais rien ne se produisit, les hommes, qui n'étaient que des ombres dans ce combat aux entrailles de la terre, semblaient se replier dans leur péristyle. Des petits rires les accompagnaient et nos deux larrons marquèrent le coup.

D'abord heureux d'être en vie, la seconde d'après vint le questionnement, mais la réponse se fit bientôt voir ou plutôt se fit sentir. Une bombe de soufre leur avait été envoyée.

— Leur trépas sera immonde, laissons-les suffoquer à la malemort ! Hahaha ! entendirent-ils.

Des voix de fantômes perdues dans une obscurité des plus angoissantes ! Était-ce déjà le purgatoire ?

— Par Saint Michel, vite, vite creuse, creuse ! cria Tancrède.

L'instinct de survie les reprit, de plus belle encore. Il fallait rouvrir la voie pour sortir de ce tombeau. Les deux rats pris au piège pelletaient la terre sur leur voie avec leurs mains désormais en charpie tandis que l'odeur si caractéristique, si âcre, si tueuse, arrivait sur eux, avec son nuage de fumée empoisonnante, mortelle !

Nicolas commençait à tousser, il fallait faire vite !

Les yeux brûlaient, les poumons, comme remplis de couteaux, sifflaient, le mucus, la bave, mélangés à cette terre infidèle, couvraient les visages. Si ce n'était pas l'enfer, ça y ressemblait bougrement ! Il fallait pourtant avancer et sans tarder ! Rassembler ses dernières forces, retenir son souffle désormais afin de ne pas plus envenimer ses poumons, de défaillir et donc de trépasser ! Les avant-bras brûlaient, comme la gorge et tout le reste. Nicolas suffoquait derrière lui et son acolyte ne pouvait ni se retourner ni parler pour l'encourager mais il creusa encore !

De longues minutes, qui paraissaient interminables passaient, et les deux compagnons de malheur luttaient pour leur survie. Encore quelques dizaines de toises et ils seraient sauvés.

Le boyau principal, plus large, et donnant directement sur la tranchée, pointait. On allait bientôt sentir l'air.

« Mon Dieu donnez-moi la force ! », pensa Tancrède aussi fort qu'il put. L'air lui manquait, la tête lui tournait, ses muscles étaient tétanisés, il ne pouvait faire un mouvement de plus !

Soudain, des voix retentirent. Un puits de lumière, des ombres qui se mouvaient.

— Ils sont là vite, vite !

Tancrède tourna la tête pour prévenir son ami qu'ils étaient sauvés mais ne vit rien derrière lui. Il s'évanouit la face contre le sol, puis des mains prirent les siennes, et il fut comme happé par la vie.

En La Rochelle

Catherine de Parthenay, la huguenote, était donc redescendue dans ses appartements du splendide hôtel particulier dans la cité, qui remplaçait le château de Mouchamps, la maison de son enfance, là où elle était née. Elle ouvrit la grosse porte en bois, une fois les degrés descendus et sa fille Anne se jeta à elle :

— Mère, alors, ça a vraiment débuté ?

— Oui ma fille, il va falloir remettre ta poésie à plus tard et organiser le rationnement des vivres. Jamais nous ne rendrons la ville à ce démon en manteau de prélat !

— Plutôt mourir ma mère ! Quelles sont vos consignes ?

À cet instant, un boulet vint s'écraser contre les remparts non loin de là où ces dames se trouvaient. Tout trembla autour, de la terre tomba sur leur tête et le lustre de cristal s'affaissa. Il était symbole de la tranquillité passée d'une famille de princes de sang à la foi réformée, loin de l'opulence du clergé et de ses ouailles. C'était moins une ! Le porte-candélabres leur était presque tombé sur la goule ! Il n'en fut rien, mais nos deux dames se protégèrent machinalement.

— Ils canonnent drôlement mais les murailles sont solides. Laissons-les gaspiller leur poudre, dit Catherine en se redressant, avec la dignité des femmes de son rang.

Sa fille Anne en fit autant, avec le même port si caractéristique.

Anne de Rohan Soubise était blonde, les cheveux bouclés courts, parfaitement coiffés. Elle avait les yeux bleus, les traits légers, un nez de caractère, un teint pâle et une élégance de poétesse, ce qu'elle était. Le latin, le grec, même l'hébreu n'avaient aucun secret pour elle mais surtout, elle écrivait des vers et en était même reconnue de ses pairs.

Elle chanta en 1618, quatre ans après la mort d'Henriette de Rohan, la passion de sa sœur pour la duchesse de Nevers et cela allait ainsi :

« Tout change en un instant
Comme la lune.
Mais ma douleur pourtant
Est toujours une !
Rien ne sauroit changer
Mon deuil extrême,
Rien ne peut l'alléger
Que le deuil mesme.

Vous qui voyez mon sort
Et à toute heure,
Pleurez pour ceste mort
Qui rien ne pleure.
Voyez mes maux certains,
Et que sans feinte,
La beauté que je peins
Soit par vous peinte.

Venez sur ses cheveux
Des pleurs espandre,
Lamentez ces beaux feux
Qui sont en cendre,
Pleurez ce teint de lys,
Sa bouche belle.
Plaignez tous ma Philis,
Mais moi plus qu'elle.
Donnez à la pitié
Qui m'environne
Les pleurs qu'à l'amitié
Sans fin je donne ».

Ces vers lui valurent en récompense les éloges de Théophile de Viau, qui avait composé ses propres louanges à l'intention d'Henriette de Rohan lors de la mort de la duchesse de Nevers. L'une commence ainsi :

« Je vous donne des vers pour nourrir vos douleurs.
Puisque cette princesse est digne de vos pleurs. »

L'heure n'était tantôt pas à la poésie, et un air grave avait pris le dessus en Anne. Le sang de sa mère Catherine, une guerrière, une lionne, et celui de la famille Rohan, incomparable de bravoure et de bataille, faisaient d'elle aussi, une indomptable. Les bombardes s'arrêtèrent de tonner un instant, remplacées par des cris de hourras s'élevant des camps royaux. Les deux femmes, suivies par leur dame de compagnie respective, se précipitèrent à la grande fenêtre du salon dans lequel elles étaient et qui avait vu sur la terre. Effectivement, les clameurs montaient. Les quatre regards se portèrent alors sur une tour de l'enceinte, dont un pan était en train de s'écrouler dans un tonnerre de bruits et de poussière. Les suivantes, qui n'avaient pas la même expérience, ni étaient forgées comme leurs maîtresses pour la guerre, manquèrent de défaillir dans un soufflement de détresse.

Anne retint Marguerite, qui devait à peu près avoir le même âge qu'elle, dans les quarante-cinq ans et qui était à son service depuis toujours. Et oui, les deux dames de Rohan n'étaient pas de la première jeunesse et avaient déjà vu bien du sang et des atrocités. Catherine avait l'âge fort avancé de soixante-quatorze ans. Celle qui perdit son premier mari lors du massacre de la Saint-Barthélemy et n'en était de fait pas à son premier combat – quoique celui-ci s'apprêtât certainement à être le plus dur de tous – était depuis toujours la plus grande défenseuse de la foi réformée. C'était une question religieuse mais aussi politique bien entendu, car La Rochelle pouvait encore demeurer un solide bastion huguenot sur terres royales et catholiques. Les Provinces Unies allaient déclarer la guerre à la France. L'Angleterre suivrait sans nul doute, et leur enverrait vivres, munitions, soldats. Buckingham avait échoué mais des renseignements parlaient déjà d'une nouvelle expédition qui avait touché l'île de Ré. Les goddons étaient déjà, bien entendu, au fait des manœuvres du Cardinal, qui encerclait désormais parfaitement la ville. L'affrontement entre Richelieu et la cité devenait personnel. Ils se connaissaient et étaient ennemis de longue date. Quand celui-ci parlait de couper la tête du serpent, il parlait de La Rochelle mais pensait peut-être aussi à elle ! Elle ne se rendrait pas ! Ni Guiton ni aucun Rochelais ne le ferait !

— Un peu de tenue Madame enfin ! On ne défaille pas chez les Rohan vous devriez le savoir ! éructa Anne s'adressant à Marguerite, sa suivante.

— Mes excuses Madame, cela va mieux. Un coup de chaleur sans doute, répondit l'intéressée, gênée et regardant le sol.

Catherine prit alors les commandes de la discussion :

— Trêve d'atermoiements, Madame, et vous ma fille venez ! Il nous faut nous rendre en bas, afin de rassurer nos gens. Nous voir, leur donnera des forces et nous verrons comme notre riposte s'organise !

— À l'instant ma mère ! lui répondit Anne, qui chuchota alors immédiatement à l'oreille de Marguerite, qu'elle tenait encore par le bras et qui se remettait à peine du choc.

— Oriabel est-elle revenue ?

On entendait déjà, dans leur dos, Catherine qui dégringolait les degrés aussi vite que son âge le lui permettait en criant : « À l'arme ! À l'arme ! »

Marguerite, quant à elle, reprit un peu de couleur mais cela ne dura guère. Elle bafouilla à sa maîtresse :

— Non-Madame, enfin je ne sais pas Madame, je ne l'ai pas vue.

— Tudieu comme dirait l'autre, répondit Anne, en citant le juron favori de notre breton préféré, de quelques siècles prédécesseur de ces temps, Bertrand du Guesclin.

En effet, la dénommée Orabiel, dont venait de parler la suivante était une autre dame de compagnie des Rohan-Soubise, mais nettement plus jeune que cette dernière. Anne et elle s'étaient beaucoup rapprochées depuis quelque temps, se faisaient des messes basses, riaient en sourdine en se chuchotant des choses à l'oreille.

Marguerite était même certaine d'avoir vu passer des mots ou des cachets, ce qui n'était pas dénué de logique mais il y avait manigance entre les deux femmes dont elle était purement exclue. Dans sa tête, c'était décidé, il fallait qu'elle en parle à celle qu'elle commençait malgré elle à jalouser, de par sa proximité soudaine avec la maîtresse.

— Avec cette canonnade j'espère qu'il ne lui est pas arrivé malheur ! s'aventura la soubrette, rabrouée immédiatement :

— N'en parle donc pas idiote, répliqua Anne froidement alors que les boulets recommençaient à pleuvoir et à continuer leur œuvre destructrice.

Heureusement les murailles étaient bougrement épaisses, de manufacture royale même. Les chiens du Cardinal allaient s'écorcher les griffes sur ses parois indomptables.

Des bruits de pas pressants, accompagnés de petits gémissements plaintifs se firent entendre dans les degrés. Cela se rapprochait, Marguerite faillit encore tourner de l'œil.

Les deux femmes virent alors apparaître l'Oriabel en question. Leurs visages étaient à la fois soulagés de voir que, celle qui avait l'air tant attendue, fasse son entrée mais aussi stupéfaits, de par son aspect.

— Voilà Madame, gémit-elle en lui tendant un billet noirci de poussière, de terre et autres gravats tout comme sa personne. Elle s'écroula presque face contre terre tellement la pauvre avait l'air odée. Sa robe était à moitié déchirée, laissant apparaître sa peau, des égratignures sanguinolentes mais aucune n'avait l'air d'une véritable navrure. Elle avait souillé ses braies, enfin plutôt, ses jupons et une grosse auréole noire de cagade maculait ce qui était jadis, une belle robe de dame d'entourage, au niveau du potron. La malheureuse était en guenilles et toute crottée mais cela n'avait l'air guère grave.

Anne le savait et bien qu'impatiente, telle une jouvencelle, de déplier la lettre qui lui était adressée et qui n'était pas cachetée, elle dit fort et d'un air grave, car elle aimait quand même profondément cette jeune femme qui lui avait redonné goût à la vie et fait rajeunir de vingt années :

— Ventre saint gris ! Comme aurait dit feu notre Roi protestant ! Que vous est-il arrivé Madame ? Allez-vous bien ? Marguerite, allez vite chercher notre mire !

— Ça n'est pas la peine, Madame, répondit la demoiselle en se relevant péniblement. J'ai juste trébuché dans les degrés les montant quatre à quatre Madame.

— Mais regardez-vous enfin, que ne vous êtes-vous vous fait cela, en tombant dans les escaliers ! La muraille est-elle ouverte ? Avez-vous été malmenée ? Parlez mon enfant.

Oriabel, qui reprenait des couleurs et s'était remise debout, secoua la tête comme pour nier, prit sa salive et répondit :

— Non Madame j'ai pris une poutrelle sur la hure cependant que je courrais vous retrouver pour vous avertir ! J'ai vu le Borgne, voici ! finit-elle par dire en tendant un petit morceau de papier.

— M'avertir de quoi ? Réponds donc, s'agaça avec l'autorité des siens sa maîtresse, tout en commençant à déchiffrer le mot. Vont-ils bien ?

À cette phrase, c'était Marguerite qui était devenue toute pâle ! Ses soupçons se confirmaient ! Il y avait bien un secret qui liait les deux femmes, une intimité dont elle ne faisait part et qui la piquait au plus haut point.

Elle qui avait passé toute sa vie au service de cette grande dame, qui l'aimait comme une sœur, une mère, une amie ! Se faire voler sa place par cette jeune catin, qui avait d'habitude plus le céans en feu que couvert de cliche, se disait-elle intérieurement. Elle ne put empêcher un sourire narquois mais reprit son sérieux. Et ce Borgne mentionné, il ne pouvait s'agir que de l'homme de confiance de Madame, le discret et dangereux florentin vêtu de noir et cyclope, mais dans ce cas, l'affaire était différente, elle ne l'avait vu qu'en circonstances de danger ou lorsque Madame avait des intrigues, desquelles elle devait se défaire. Pourquoi cette petite effrontée lui avait été envoyée ? Elle fut tirée de ses réflexions immédiatement par la voix d'Anne, qui s'éleva :

— Ah Seigneur ils ont été envoyés en première ligne, quelle terrible nouvelle m'apportez-vous là ! Et elle s'affaissa dans un fauteuil à la soie qui commençait déjà à prendre une teinte poussiéreuse.

« Que vont-ils devenir ? »

Elle était lasse, terriblement lasse tout à coup, comme si cette nouvelle jeunesse que lui avait apportée cette jeune servante s'était évanouie à cette seule annonce. Elle avait effectivement bien changé à son contact et encore plus depuis qu'Oriabel et elle, avaient rencontré le beau Tancrède et l'aussi beau mais de plus petite naissance Nicolas, son fidèle ami. Quel bonheur ! Cette nouvelle complicité avec la jouvencelle aussi la faisait revivre. Madame de Rohan fille s'était remise à écrire sa poésie, si douce, si enjouée, pleine d'amour et d'espoir. Elle avait retrouvé sa prime jeunesse. Tout cela s'était passé quelque temps avant ces événements et la différence de religion n'avait eu alors pas tout à fait encore la même importance. En effet, ces damoiseaux étaient catholiques et bien que protestante la plus fidèle et rigoriste, la grande Anne n'en avait que faire ! Il ne s'agissait ni d'un mariage ni de politique, juste son jardin secret, qui l'aidait à supporter les affres de son temps. L'ombre du Cardinal avait commencé à planer sur cette cité, symbole absolu de l'hérésie, mais qui était aussi un réel danger pour l'influence royale sur le pays, déjà morcelé par les possessions anglaises.

— Cela est inutile, ils sont finis ! soupira-t-elle enfin.

— Madame, il faut y croire ! N'oubliez pas qui ils sont, il leur en faut plus pour se faire occire !

Oriabel était à genoux, presque aux pieds de sa maîtresse et lui prenait la main tout en lui disant ces mots, un sourire forcé mais plein d'espoir sur son visage poussiéreux.

Marguerite, décidée à ne plus se laisser voler sa place, s'approcha aussi et s'exprima :

— Laisse plutôt respirer Madame et va donc faire un brin de toilette. L'odeur de merdasse qui te compagne va finir par la faire tourner de l'œil !

La Rohan avait déjà repris des couleurs, la couleur de l'espérance se voyait désormais sur ses traits. La petite phrase de la jeune encaguée avait fait mouche dans l'esprit d'Anne.

En effet, c'était une référence à l'audace dont ils avaient fait preuve lors de leur rencontre et dont notre lecteur apprendra les détails par la suite.

— Oui il va falloir aller s'informer, mais Marguerite a raison, ma douce amie, allez donc vous débarbouiller un peu, vous sentez la merdasse à plein nez ! Elle explosa alors d'un rire salvateur, bientôt imitée par ses deux dames d'alentour.

Devant La Rochelle

Tancrède ouvrit les yeux et la bouche en grand, comme s'il était revenu de la mort. Un grand râle pulmonaire et une quinte de toux suivirent, le jeune homme se plia en deux. Il regarda avec peine autour de lui, les yeux collants, poussiéreux, peinant à savoir où il était et ce qu'il s'était passé. Il était sur une sorte de table et d'autres de la même facture étaient tout autour. Il tâta son corps à tous les endroits, comme pour savoir s'il était navré, mais Dieu soit loué, il ne sentit rien. La toux le reprit et il se remémorait, les caponnières, le gaz, l'enfer ! Il retomba sur le dos, comme assommé par ce terrible souvenir. Sa vision revenant, il voyait une bâche, le toit d'une tente crasseuse. Des cris, des hurlements, des navrés, une tente de blessés ! Il se redressa de nouveau et devant lui, sur le lit d'après, un pauvre bougre beuglait à la mort. Trois hommes s'affairaient autour de lui, deux le maintenant sur le dos tandis que le troisième lui sciait la jambe qui était en charpie, au-dessus du genou dans une fontaine de sang. Le spectacle était épouvantable mais notre blondin crotté n'en avait cure et cherchait autour de lui Nicolas. Seigneur, faites qu'il ne soit pas mat ! À sa senestre, un homme était allongé sur un brancard pareil au sien, soit occis soit dans ses vapeurs, car il ne bougeait guère. Il n'était pas saignant mais noir de poussière et il reconnut alors son compain. Il se précipita sur lui :

— Nicolas mon ami, parle-moi ! Respires-tu ? Réponds !

Tancrède en hurlant ces mots se hissa sur son compagnon d'armes et lui fît du bouche-à-bouche L'intéressé le repoussa violemment. Tancrède s'affala sur le sol, ses jambes s'étant dérobées sous lui, dans un lourd fracas pendant que l'autre se réveillait avec des quintes de toux et crachats abominables. Diable de gaz !

— Dieu soit loué, tu es vivant ! Il prit dans ses mains le visage de son ami qui revenait à lui. Après une grimace de dégoût, un petit sourire parut sur ses lèvres déchirées, craquelées, empoisonnées :

— C'est bon de voir ta goule de pet !

— Si tu voyais la tienne ! Et je busnais mon ami. Je reprenais des forces m'imaginant dans un autre lieu et désolé de te le dire, en une autre compagnie !

Tancrède rigola et il poursuivit :

— Si qui tu sais, nous voyaient ! Aide-moi plutôt à me lever et foutons le camp d'ici, c'est plus une boucherie qu'un hôpital et ces cris vont me rendre fous ! dit-il en se redressant sur les coudes avec peine.

— Tu as raison, allons-nous en !

Et les deux compains claudiquèrent en se soutenant l'un l'autre par l'épaule vers la sortie de cette tente abominable où l'on coupait les membres à tour de bras, où l'on essayait de rentrer les tripes dans leurs propriétaires. Car, les Rochelais avaient organisé leur défense. Ils tenaient le siège et avaient aussi des pièces d'artillerie et des arquebusiers sur les remparts, qui emportaient selon les bordées quelques soldats téméraires partis s'aventurer trop près, ou sans distinction, n'importe qui ou quoi faisant partie de l'ost royal.

— Au fait, sais-tu par quel miracle nous sommes sortis de ce tunnel ? J'avançais, je ne respirais plus et puis plus rien !

— Presque pareil ! J'ai mordu la poussière et ai juste senti que l'on m'agrippait les poignets puis je me suis réveillé sur le brancard comme toi.

— J'aimerais bien savoir à qui on doit la vie !

— Moi aussi, mais mire, je crois qu'on va vite le savoir !

En effet, dès leur sortie, plusieurs soldats crottés comme eux, mais aux goules basanées vinrent à leur rencontre.

— Dieu du Ciel des ressuscités. Les gars, les deux rats sont revenus ! décocha en riant, un vieil édenté, enroulé dans une cape boueuse, trouée, coiffé d'un chapeau dans le même état.

Les deux amis reconnurent Blaise, un vétéran des cam pagnes précédentes du Roi conquérant. Effectivement, d'autres s'attroupèrent autour, leur tapant dans le dos en ricanant. Une congratulation de vieux combattant.

— C'est bien, les damoiseaux ! Alors que s'est-il passé là-dessous, vous vous êtes vous-mêmes fait péter la hure ? Haha.

C'était un autre vétéran qui tendait deux cruches de vin clairet aux infortunés.

— Ils creusent aussi en face ! Ils ont débouché sur une de nos galeries ! Nicolas fit une pause, prit une gorgée qu'il recracha pour se laver la bouche et avala une deuxième lampée qui eut l'air de faire du bien à l'intéressé, tandis que les faces rieuses des spectateurs s'assombrirent comme il disait ces mots.

— Tancrède en a saigné un au couteau, puis on les a fait exploser avec nos grenades. Ensuite, ils ont mousqueté et balancé le soufre.

Nicolas ne se souvenait visiblement pas exactement de toute leur douleur, alors que Tancrède, si. Il revivait chaque instant de son passage sous terre, la mort, le sang, le gaz. Son compagnon continua :

— Moi j'en ai pris une dans le cul, mirez ça !

Et Nicolas leur montra l'arrière de ses braies, qui effectivement avaient été touchées mais par un simple éclat de roche et non une vraie balle. Cela se voyait parfaitement et toute l'assemblée se remit à rire de plus belle ! Les pichets repassaient de mains en mains.

— Nous, c'est pas mieux, les compains, on a été arquebusés durement par ces enfants de putains en approchant des remparts. À un cheveu près, j'étais mat de chez mat, mirez mon feutre ! dit un jeune, à la rapière raclant le sol, en montrant son chapeau à l'assemblée.

Celui-ci avait bien un trou bien rond fait par une balle. Le bougre, à quelques pouces, aurait bien été dans l'autre monde, mais c'est plutôt l'état pitoyable de son couvre-chef qui provoqua les nouvelles hilarités de l'assemblée.

— Que fais-tu donc encore avec cette galette de purin sur le crâne ? Où est la plume qui le surmonte ?

Tous éclatèrent d'un rire éprouvé, aviné mais libérateur. Les deux malheureux participèrent à ce fou rire général.

— Viens, mon ami, allons nous décrotter maintenant, dit Tancrède à Nicolas, mais comme ils se levaient, deux mousquetaires du Roi, la moustache haute et la casaque pleine de poudre, vinrent à leur rencontre.

— Merdaille, le bain n'est pas pour tout de suite. Pitié que nous n'y retournions pas !

— Alors mes gaillards vous êtes en vie ! Avec le nuage de merdasse qui est sorti avec vous, ça n'a pas dû être gai là-dessous !

Il avait un fort accent gascon et ressemblait à Charles d'Artagnan à s'y méprendre, mais ce n'était qu'un autochtone de la même lointaine contrée. Les deux hommes le connaissaient et même bien. L'on racontera par la suite comment. Il rajouta avec un rire gras, tonitruant qui retint l'attention de toute la petite société :

— Alors, ça vous rappelle de bons souvenirs de La Rochelle les gars ? Si l'on ne vous savait pas soldats, mes gredins, vous seriez traités de routiers et renvoyés dans une fosse à purin !

Nicolas se leva, se rapprochant du soldat d'élite royal, lui intimant des yeux de se taire.

— Ferme ta goule, mousquetaire, ne pas avoir vu celle-ci depuis quelque temps ne m'a pas été désagréable ! lui envoya-t-il tout haut ! :

Diable, pensa Tancrède, celui-ci nous déteste vraiment maintenant ou il nous suspecte. Notre lecteur apprendra un peu plus tard comment ils avaient fait connaissance, étaient devenus amis d'abord, puis l'opposé comme il vient de le voir.

Des murmures s'élevèrent dans le camp mais la voix de baryton, de commandant, d'Armand de Bussac, qui était quand même lieutenant dans le corps de ces gardes du roi hurla :

— Et alors, on écoute les chefs, bande de misérables ? C'est entre ces gaillards et moi. Vous devriez être à vos postes ! Lequel de vous autres hurons descendrait dans les terriers, hein ?

Tous se regardèrent, les yeux se baissant petit à petit et la bouche désormais cousue. C'était vrai que leurs deux camarades avaient dû vivre un moment épouvantable.

— Bien, venez avec moi maintenant, on vous mande dans le tref du commandement.

Tancrède et Nicolas, un peu surpris quand même, se regardèrent d'un air défait mais résilient. Ils suivirent le mousquetaire, parti en direction d'une tente monumentale, sur laquelle étaient tissés les lys de France, reconnaissables de loin.

En La Rochelle

À ce même instant, nos dames huguenotes, de l'autre côté des solides murs de la cité étaient toujours dans le même salon, écoutant la canonnade, réagissant toutes trois différemment aux bruits des boulets se fracassant ou sifflant au-dessus. La plus terrifiée était bien sûr Marguerite qui sautait à chaque impact sur sa chaise, ce qui agaçait sa maîtresse au plus haut point.

— Cessez donc d'être aussi couarde, ma chère, vous n'allez pas encore tomber inerte ! Engaillardisez vous, car cela commence à peine !

Oriabel, avec son insouciance habituelle, émit un petit ricanement qui ne plut pas non plus à Anne. En effet, elle prenait les évènements avec le flegme d'une Rohan, donc le calme d'une cheffe de guerre.

— Il n'y a ni de quoi rire ni de quoi pleurer, trancha la Parthenay.

— Mais à ce rythme le diable rouge va réduire la cité en poussière et nous avec ! Ah Seigneur, sauvez-nous !

Marguerite était aux bords des larmes et de l'apoplexie.

Un boulet siffla devant leur fenêtre. On eut cru qu'elles avaient vu une météorite, ce qui les fît toutes sursauter. Les trois femmes se jetèrent à terre lorsque le projectile frappa l'hôtel voisin. Un déluge de poussière et de pierres se répandit en soufflant les fenêtres de la pièce. Nos dames se retrouvèrent les quatre fers en l'air. Oriabel qui était allée se débarbouiller et surtout changer ses jupons fut la première à pâtir de l'explosion comme elle était la plus proche de la ventaille. La pauvre venait à peine de redescendre avec des jupons propres qu'elle se retrouvait, ce coup-ci, noircie comme du charbon et donc crottée à nouveau.

— Tout le monde va bien ? Dit Anne en relevant le buste.

— Oui Madame, dit Oriabel en faisant de même.

La pauvre ne se voyait pas car elle était couverte de poussière, la robe en guenilles et la face cramoisie.

—Je crois Madame, balbutia la vieille Marguerite avec difficultés qui se remettait sur ses jambes avec peine.

— Nous avons eu chaud, mesdemoiselles ! Il était moins une que nous prenions ce tas de plomb de plein fouet. Il faudra quitter ce lieu, nous n'y sommes plus en sécurité. Et Anne souffla de soulagement en prononçant ces mots.

—Venez. Il est bien temps de partir d'ici !

Elle se releva, imitée par la jeune suivante. La plus âgée fit, elle, un arrêt au milieu de la manœuvre en grimaçant. Les deux autres la mirèrent, inquiètes, se disant qu'elle avait été blessée.

—Je crois que cette fois-ci, c'est moi qui aie souillé mon habit !

Elles éclatèrent de rire et la grande Catherine fit son apparition à cet instant.

— Vous n'avez rien ? Le diable emporte ces démons ! Venez mesdames, il nous faut nous mettre à l'abri et organiser la résistance. Les boulets seront bientôt remplacés par la faim. Venez !

D'un regard, Anne envoya l'autre crottée changer ses braies, puis suivie de sa jeune et espiègle Oriabel, accompagna la matriarche dans les degrés en direction de la rue.

•••

Nous avons dit que le lecteur serait bientôt au fait de ce comment le mousquetaire connaissait nos deux amis. Un autre point cependant reste à éclaircir ou plutôt à révéler si cela n'a pas été déjà deviné. Le secret de ces dames comme de ces messieurs serait-il le même ? Si c'est le cas, comment donc des gens que tout oppose pourraient-ils se rencontrer et encore plus s'amouracher dans le contexte que l'on connaît ? Il faut pour comprendre cela, remonter à quelques mois en arrière. La guerre était alors aux portes de la cité, sur l'île de Ré, mais la ville de La Rochelle était en son sein préservée et les gens ne se découpaient pas encore pour leur appartenance à leur foi. La moitié de l'année 1627 était passée, et ce, sous l'ombre des guerres de religions qui reprenaient. Nos deux compères étaient fraîchement intégrés au Régiment de Champagne, qui n'était pas encore en campement de bataille. Les hostilités ouvertes n'avaient pas encore commencé mais sa chère Éminence manœuvrait dans l'obscurité, comme à son habitude. Pour elle, comme nous l'avions déjà dit, la fin justifiait les moyens, seul l'objectif comptait et tout en haut de cette pyramide de raisonnement, venait sa propre personne. Faire triompher le royaume de France, son suzerain et la foi catholique, c'était le faire triompher, lui, le Cardinal !

Prendre des nouvelles des événements, manœuvres adverses, défenses ou tout ce qui se passait dans cette contrée qui l'obsédait tant, ne filtrait que par les généraux du Roi, les ambassadeurs étrangers et par nombre d'espies à sa solde. Il multipliait les sources d'information à juste titre et envoyait en quérir sous de multiples formes. Il s'avéra que pour l'une de ces missions, nos deux damoiseaux en furent ! Ils avaient fait partie d'un très petit contingent, chargé de rendre une petite visite au maire de la ville, dont nous avons déjà fait la connaissance plus tôt. Officiellement mais secrètement quand même, il s'agissait de lui rappeler le bon souvenir du ministre et donc son chef, mais officieusement, il fallait de se rendre compte de l'état de la population, de leurs vivres, leur approvisionnement. Pour être clair, voir s'ils pouvaient encaisser un siège. Le Cardinal devait faire vite et il le savait. L'influence, la prospérité de La Rochelle l'hérétique devaient être stoppées avant que leurs idées ne contaminassent les contrées alentour et ne grignotassent le royaume. L'Angleterre les soutenait, les Flandres viendraient aussi, il fallait en finir. Mais comment ? Tenter de mettre la ville en ruines ? L'assommer de boulets et y pénétrer pour massacrer les huguenots comme à la Saint-Barthélemy ? Ou n'y aurait-il pas le choix que de les affamer, ce qui mettrait plus de temps, certes, mais serait peut-être le seul moyen.

Le Roi et ses généraux y pensaient presque nuit et jour. Les espies royaux étaient vite démasqués dans cette contrée aux mœurs différentes ou alors rien de très nouveau n'arrivait aux oreilles du ministre.

Ce petit détachement de soldats à découvert, pour un prétexte légitime, car il s'agissait de l'impôt, n'éveillerait aucun autre soupçon. De plus, la présence de quelques casaques fleurs de lysées au sein des murs ne leur ferait pas de mal, à ce peuple qui se croyait au-dessus des lois, mais surtout au-dessus de lui. Il n'y aurait aucune difficulté pour pénétrer dans la ville, ce fut décidé ! Il fallait aussi que ce détachement ne soit ni trop petitement composé ni trop grandement pour que le tour fonctionne. Un petit conseiller du ministre, le père Adémar de Choiseul serait l'envoyé officiel. Il serait escorté par deux mousquetaires et deux soldats d'infanterie. Un des deux gardes royaux était notre Gascon précédemment évoqué et les piétons nos deux amis. Cette petite troupe s'était donc mise à cheval début mai, espérant faire le voyage en une semaine avec de bons chevaux de poste et des nuitées dans les auberges. Le randon se passa sans encombre. Aucun routier ou voleur de bourse ne croisa leur route. Tout passa vite pour le jeune Tancrède qui rêvait toute la journée sur sa monture. Il busnait de batailles et d'amour. D'amour noble, chevaleresque, comme ses ancêtres ! Un amour poétique, charmeur, ensorcelant ! Il donnerait sa vie pour celle qui ferait battre son cœur, il le savait. La passion de Lancelot pour

Guenièvre, les estourmies des chevaliers du Roi Arthur, voilà ce à quoi il aspirait. Nous ne pouvons lui reprocher sa naïveté, qui n'était que le fruit de sa fougue de jeune homme, bientôt homme de guerre ! Ils arrivèrent à la porte principale de La Rochelle par la terre, un matin clair et calme. La vue de l'océan avait rempli de bonheur les compains, qui étaient gais et fiers de la mission qui leur avait été confiée. Il s'agissait de ne pas se rater surtout !

— Au nom du Roi ! hurla le prélat au regard qui était posté au-dessus de la herse de l'entrée principale.

Ce dernier, coiffé d'une barbute balbutia en essayant de faire preuve d'autorité car il était vrai que le clerc avait une allure particulière dans son froc défraîchi et poussiéreux :

— Où est votre livrée ? Votre étendard ? Des routiers voilà ce que vous êtes, passez votre chemin !

— Ma casaque te suffit-elle, sac à étrons ? mugit notre Gascon.

Là, le bougre à la goule tout ahurie tenta d'ouvrir la bouche mais il se tut à l'approche d'un autre homme arrivant vers lui, ses éperons tintant avec fracas comme il battait le pavé du chemin de rondes. À la cape noire qu'il portait sur le dos, il devait s'agir d'un capitaine ou du moins en tout cas, un de ses supérieurs. Il envoya son revers de main en pleine face du malheureux.

Le sang jaillit et Tancrède put même voir un chicot sauter dans les airs. Il eut une sorte de moue malaisée pour le moribond et regarda son acolyte qui lui, riait à pleines dents.

— Des mousquetaires du roi et un moine ! As-tu perdu la tête loudier de malheur ? Ouvre vite les portes ! Soyez les bienvenus messeigneurs ! dit le capitaine du haut des remparts. Pardonnez l'insolence de ce huron qui sera fouetté pour son outrance !

— Service du Roi ! Merci mon fils, dit sans sourciller Adémar, qui piqua sa monture, imité par les autres et notre petite troupe pénétra dans la ville.

Les ruelles étaient animées, étroites, pleines d'échoppes, de tavernes, bondées de monde. Ils allèrent jusqu'à la Tour du Diable, imposante et austère, puis passèrent devant le bastion de l'assemblée. Ils se rendirent compte à ce moment, qu'était là la vraie entrée principale de la ville. Les fortifications ci-avant énoncées étaient colossales et quasi imprenables, se disait intérieurement notre damoiseau. Ils piquèrent ensuite tout droit, longeant presque l'enceinte, jusqu'au chenal. Là, les silhouettes impressionnantes des Fort Louis et d'Orléans sautèrent aux yeux de nos amis. Ils encerclaient le canal et donc l'entrée par la mer. Ce même chenal était un goulet étroit, se faufilant assez longuement jusqu'aux quais. N'importe quel navire y voguant était là encore pris en tenaille par les deux bras de terre et donc facilement atteignable s'il devait être l'objet d'une attaque. Tudieu que cette ville était bien défendue ! Les compagnons se regardèrent assombris. Tancrède promena son regard sur l'eau, le port, le ballet des mouettes, des goélands au-dessus des barques qui rentraient de la pêche. Il humait le bon air du large, si différent de la puanteur de Paris ou encore plus de sa campagne chinonaise. Le clapotis mousseux tranchait avec l'eau de la Vienne, rapide, parfois translucide, parfois noirâtre. Il avait grandi dans le faubourg de cette ville, sur l'autre rive que celle sur laquelle se trouvait l'imposante forteresse. Il s'était d'ailleurs déjà passé tant de choses dans ce monumental édifice. Jeune, rêvant de chevalerie, il imaginait les geôles de ce château dans lesquelles, disait-on, avait été tourmenté Jacques de Molay, dernier grand maître de l'Ordre du Temple. Il reconcentra son attention sur ce qu'il voyait. Le commerce allait bon train dans ce port. Beaucoup de barques, bateaux de pêche et autres s'entassaient dans cet étroit goulet puis déversaient leur cargaison sur les docks bondés. Cela humait le poisson, la mer, mais aussi la pourriture. L'on rebroussa alors dans les ruelles, à la recherche de l'Hôtel de Ville. Notre troupe pensait y arriver *incognito* mais l'information de la venue de messages du Roi devait les avoir devancés. Les lys de France des étoffes pendues sur la façade se voyaient de loin.

Pas certain qu'en temps normal, le même blason fut déployé. Deux hallebardiers, au vêtement impeccable, gardaient les portes, qui étaient grandes ouvertes, comme pour les accueillir.

— Eh bien, nous sommes reçus en grand bobant ! dit Armand de Bussac, notre Gascon, à l'encontre de son camarade et du prélat, qui chevauchaient à ses côtés. Nos deux amis menaient leur monture quelques toises derrière ceux qui étaient les vrais envoyés du Roi.

Tancrède se disait, en voyant une telle préparation, que les informations qui leur seraient données et ce qui leur serait montré seraient à prendre avec des pincettes. Mais qui était-il, lui, dans tout cela ? Pas grand-chose, il n'aurait de toute façon certainement pas son mot à dire ni son mot à entendre surtout. Cela était vraiment méconnaître le Cardinal car il ne négligeait personne pouvant lui apporter quelque chose qu'il ne sût pas sur cette terre hérétique. Sur le perron de l'hôtel, dans une cour impeccablement tenue, couverte des drapeaux royaux, se présentait un homme qui les attendait. Ce personnage, nous l'avons déjà entraperçu et le connaissons sous le nom de Guiton. Sa silhouette noire, simplement vêtue, était imposante et tranchait avec le blanc des marches. Une bien belle pierre d'ailleurs.

— Mon père, Messieurs, soyez les bienvenus !

Le moine Adémar de Choiseul, droit comme une poterne, mit pied à terre en répondant :

— Merci mon fils, service du Roi !

Des palefreniers vinrent prendre les rênes de tout ce petit monde, qui descendit de cheval en avançant vers le maire. L'étrange moine sortit de sa robe de bure un parchemin, cacheté aux armes de France et le tendit vers celui qui les accueillait avec un si bon sourire. Guiton jeta un rapide coup d'œil au pli avec une légère mou d'agacement mais reprit vite le contrôle de ses émotions.

— Venez mon père ! Allons dans mes appartements. Messieurs les mousquetaires, vous devez être odés. Passez donc aux cuisines profiter de l'hospitalité de notre souverain car nous sommes chez lui.

« Tu parles », pensait Tancrède.

— Messire pardon mais ce ne sont pas nos ordres ! coupa notre Gascon à travers ses grosses moustaches de soldat vétéran et en portant instinctivement la main à sa longue rapière, dont la pointe de la lame râpait le sol.

— Tout va bien mon fils, allez ! dit calmement l'homme d'Église. Il disparut avec le maire de la cité dans la grande bâtisse, laissant les quatre soldats sur le parvis.

•••

Armand lança :

— Bon et bien les gars allez vous occuper des chevaux et vous trouverez sans doute parmi les palefreniers quelque bon compain qui vous offrira la goutte et un quignon de pain si vous êtes en faveur !

Il s'esclaffa, tapant sur l'épaule de son comparse. Rien de pire qu'un homme qui riait seul de ses propres blagues. Son acolyte sourit légèrement sans plus. On ne connaissait à ce dernier qu'un prénom, Hugues. Il ne disait jamais un mot, ne parlait que par signes de la tête ou par action. Tout le monde l'appelait le Templier. Il avait le cheveu court, la barbe longue, priait plusieurs fois par jour devant son épée à quillons droits et a la lame large, comme celle de leurs aïeux et comme celle des Templiers. Il faisait moine aussi, car muet absolu. Son surnom de Templier lui allait comme un gant, c'était sûr. À la bataille, il ne devait pas rigoler ! Combattait-il machinalement, précisément, sans peur ni plaisir comme le faisaient les chevaliers du Temple de Salomon ? Celui-ci finit par montrer pour la première fois une émotion et les deux larrons explosèrent d'un rire gras, presque méprisant. Presque, car les quatre hommes avaient eu le temps de faire connaissance lors de leur randon. Une bonne entente s'était créée entre Armand, Tancrède, Nicolas et même Hugues, le silencieux.

— Merci Messeigneurs, répondit ironiquement Nicolas. Le bon souper à vous et à la santé du roi !

Puis il reprit :

— J'espère que les mets seront aussi bons qu'au Louvre ! Haha, vous serez bientôt de retour à vos piquets, Messieurs !

Il se fendit en deux, imité par Tancrède. C'était drôle et sacrément bien envoyé. Les mousquetaires avaient montré déjà à plusieurs reprises, durant ce même trajet, leur supériorité acquise de par leur rang même si tous étaient presque devenus compains.

— Rassasiez-vous bien la panse d'avoine avec les chevaux mes gaillards, vous nous envierez bientôt ! Allez, viens Hugues ! jura Armand en brandissant son poing serré.

— C'est ça, un cadet de Gascogne et un Templier, tous deux se prenant pour des seigneurs !

C'était Nicolas qui commençait à réellement se courroucer.

— Je vais t'étriper, cornard de ribaud ! répliqua Armand en se jetant sur lui, la main portée à la poignée de sa longue main gauche à coque française, qu'il portait au côté.

Hugues le retint du bras sans dire un mot, comme à son habitude mais en le regardant d'un air de dire « allons-nous-en et nous restaurer ».

L'offensé fit retomber ses bras le long du corps, disant :

— Soit, mais fais attention à ce que je ne vienne pas te péter au nez après m'être bien repu !

Et il sourit, comme pour clore le conflit. Cela fit rire aux éclats les quatre compagnons, qui se séparèrent ici, chacun allant là où il était attendu.

Nos deux amis partirent donc vers les écuries. Nicolas faisait une goule abominable, persuadé qu'ils allaient vraiment avoir droit au foin, mais ils furent accueillis par les palefreniers rochelais, qui partagèrent avec eux leur pain, pâtée et surtout leur vin. Nos deux amis sortirent de là trébuchant et hoquetant comme des routiers. La nuit était déjà bien avancée mais le ciel était clair, dégagé. Dans la cour de l'Hôtel de Ville, l'on voyait les étoiles, il faisait bon.

Des ombres de serviteurs passaient ici et là, guidés par des chandelles ou portant des candélabres. Ils s'assirent alors sur la paille, à côté des chevaux, ou plutôt s'écroulèrent. Après quelques minutes durant lesquelles ils reprirent leurs esprits, Tancrède songeait.

Il fallait penser à la mission et pour le moment ils ne savaient que ce que tout le monde savait.

— Que dis-tu, si nous allions faire un tour en ville ou sur le port compain ? Il faut penser à ce pour quoi nous sommes là ! sortit ce dernier avec engouement à Nicolas.

— Laisse-moi busner, je suis odé, cela attendra le jour ! rétorqua celui-ci, un bâillement au milieu, tout en rabaissant encore un peu son chapeau sur les yeux.

— Ni cet affreux moine ni les autres ne sont redescendus, ils doivent cuver leur bon vin de Bordeaux, dont ils ont dû plus qu'abuser. Même et surtout l'homme d'Église, je pense ! Ce clerc défroqué cache quelque chose, je te le dis !

Tancrède s'était redressé.

— Justement, profitons-en pour dormir, je dors déjà !

Et Nicolas se mit en boule dans la paille comme pour effectivement commencer sa nuit.

— Au contraire, en plus comme nous sommes poivres, cela sera une parfaite couverture. Et qui sait, nous rencontrerons certainement quelques ribaudes, quelques godets à vider dans les tavernes, cela est le plus sûr moyen de remplir notre besogne et mêler en plus l'utile à l'agréable.

Au mot de femmes, l'aviné endormi eut comme un spasme qui lui parcourut le corps, puis se tourna vers son ami.

— Effectivement mon ami, tu as raison, cela est parfait pour ne point se faire repérer même si nos goules doivent déjà être connues.

Tancrède ne put s'empêcher de rigoler.

— Ah, la perspective de rencontres féminines t'a ragaillardi on dirait. Tu ne m'avais pas parlé d'une Tiphaine dans ton pays ?

— Tout à fait, si, et elle me manque, mais elle est loin, et Dieu seul sait quand je la reverrai ! Puis pour ta gouverne, je te fais dire que contempler, même palper n'est pas adultère !

Nicolas l'avait un peu mal pris mais qu'importe.

— Je te fais marcher, allons-y plutôt. Nous irons vers la mer et trouverons bien une échoppe pour revider quelques hanaps !

— Eh bien, toi le sérieux à l'accoutumée, tu me surprendras toujours !

Il prit par l'épaule Tancrède vers la sortie de l'hôtel. Celui-ci avait effectivement de la suite dans les idées.

•••

Dès qu'ils furent dans la rue, l'atmosphère était nettement différente que lorsqu'il faisait jour. Les ruelles étaient devenues atrocement sombres, presque inquiétantes, ce qui fut loin de décourager nos deux jeunes avinés.

Ils prirent la direction du port, en tout cas leur semblait-il, bras dessus bras dessous, en joyeux compagnons. Tancrède gardait néanmoins un œil sur tout. L'éclairage public était présent, comme à Paris, mais plus minime. Les lueurs des feux dans les maisons et les tripots éclairaient mieux les rues, en faisant danser les silhouettes de ceux qui faisaient tout simplement leur paisible vie de famille ou les autres qui buvaient, riaient, dansaient. Ils furent bientôt devant l'auberge du Faisan d'Or, de laquelle la musique et des cris se faisaient entendre plus que dans les tripots précédents, ce qui égaya Nicolas immédiatement.

— Entrons compain, boissons, gaieté et ribaudes, c'est ce qu'il nous faut !

— Soyons sur nos gardes quand même.

Tancrède n'était plus aussi gai que lorsqu'il s'était agi de convaincre son ami.

— M'est avis que les premiers désaccords et couteaux feront bientôt leur apparition !

— Mais justement, nous humerons ainsi l'atmosphère locale et réveillerons les autres avec des informations pendant qu'ils cuveront encore leur beuverie !

— Allons-y alors !

Et ils entrèrent.

En La Rochelle

Au même instant, afin de tenter de faire comprendre à notre lecteur les origines de ces intrigues, nous retrouvons dans l'Hôtel de Rohan, non loin de là où se trouvaient nos deux hommes, Anne et Marguerite, toutes deux gentiment installées. En effet, l'immense cheminée en pierres, imposante, fièrement ornée du blason des Rohan, trônait dans la grande pièce, celle que notre lecteur connaissait déjà. La maîtresse lisait un gros ouvrage, traitant de sciences astrophysiques, en latin, comme à son habitude. Elle n'avait pas écrit le moindre vers depuis des siècles, son humeur un peu maussade, en tout cas mélancolique l'ayant peu à peu gagné mais sa culture, sa soif de savoir, étaient toujours intactes. La servante, fidèle de toujours, brodait en silence dans un fauteuil confortable, profitant de la chaleur de l'âtre en cette froide nuit. Anne ne le voyait guère mais cette dernière avait plutôt les yeux fermés et semblait busner de bon cœur. Seuls les ronflements manquaient ! Un vent bruyant se fit entendre, ce qui sortit de leur torpeur les deux femmes. C'était indéniablement Marguerite. Anne, épouvantée par l'odeur, congédia sa vieille dame de compagnie, lui disant qu'elle pouvait se retirer. Elle attendait avec impatience « la petite » comme elle l'appelait et dont l'insouciance lui changeait bien les idées.

Même s'il remontait à maintenant treize ans, le trépas de sa sœur aînée Henriette l'avait consumée. Ces dernières années, la situation politique s'était dégradée. Le sentiment de haine envers les protestants s'était immensément renforcé. Son frère Benjamin bataillait sans relâche, pour les idéaux de la famille et le triomphe de la nouvelle foi. Il fallait renverser le Cardinal et remplacer le Roi par un cousin prônant la réforme, avec le soutien de l'Angleterre et des Flandres. C'était cela, le vrai projet rêvé ! Le vent ne tournait pas en leur faveur, Buckingham tardait ou échouait à leur venir en aide, affaiblissant par-là les troupes goddones. Richelieu allait certainement bientôt attaquer. Sa mère Catherine, vieillissait, à l'extérieur comme à l'intérieur mais les dangers à venir gardaient la vieille lionne alerte, en cheffe de meute qu'elle avait toujours été.

Anne sortit alors de sa rêverie, la jeune Oriabel faisant son entrée avec une cruche fumante de vin chaud et deux godets en or, posés sur un joli plateau. La foi huguenote et sa rigueur n'empêchaient pas, un certain faste pour les plus grands, comme l'était notre dame.

— Vous voilà enfin, je m'impatientais Mademoiselle !

— Pardon Madame, j'étais aux cuisines chercher ceci, qui je le pense, vous fera du bien !

La jeune chambrière déposa ce qu'elle portait sur une petite tablette, non loin du bureau d'études de la comtesse.

— N'en renverse pas sur le livre !

— Non, Madame. Cela vous réchauffera et que cela sent bon ! C'est le maître queux lui-même qui l'a préparé !

— Avoue que ton retard est dû à ce huron qui te courtise !

— Il est vrai, Madame, oui, répondit la jeune femme en rougissant terriblement. Il m'aime bien, je pense, et est plutôt beau garçon, ne put-elle s'empêcher de dire.

— Pardon Madame, dit Anne en devenant rouge comme une écrevisse et faisant un pas en arrière, la tête basse.

Après un silence que la pauvre trouva interminable, Parthenay reprit :

— Ce n'est rien mon enfant, il est normal à ton âge d'avoir le diable au corps. Même si tu me disais que ce n'est pas le cas, je n'en croirai mot. J'ai eu ton âge, sais-tu et j'ai connu tout cela ! Viens donc t'asseoir à côté de moi, sers-nous et conte-moi plutôt ! finit-elle par lui chuchoter en souriant, telle une vraie jouvencelle.

— Merci Madame, soupira avec soulagement Oriabel, un sourire se dessinant sur sa hure espiègle.

Les deux femmes conversèrent un long moment, entrecoupé de rires et de gorgées de vin. La fougue de la jeune servante lui rappelait sa prime jeunesse et cela lui faisait du bien. Anne avait demandé à son interlocutrice de lui parler un peu d'elle, et la discussion tourna vite autour des hommes. La suivante racontait à sa maîtresse ses petites histoires, ses soupirants, qui avaient déjà l'air bien nombreux malgré sa récente arrivée. Elle était en effet très belle, d'un blond immaculé, les yeux vert clair, le teint pâle, la taille fine, haute, serrée dans une simple robe corsetée, noire. Ce même corset laissait plus que dévoiler une poitrine opulente et ferme. Aucun étonnement que la petite ait tant de succès ! Anne était encore une belle femme malgré sa quarantaine bien passée. Sans doute le vin aidant et la présence de cette damoiselle, qui était si loin de toute querelle, ragot ou malfaisance courtisanes, fit qu'elle se confia, parla librement. Elle expliqua ses amours, qui n'avaient pas été fort nombreuses et son non-regret de n'avoir jamais contracté mariage. Elle parla des nombreuses péripéties auxquelles elle avait été confrontée. L'autre lui dévoila comment ses parents avaient été massacrés à case de leur foi. Les parents d'Anne aussi avaient été marqués au fer rouge par la guerre entre les deux religions.

Leur dédain pour le clergé et son luxe ostentatoire était aussi partagé par les deux femmes. Un fou rire absolu éclata même et vint marquer une pause dans cet échange. Elles étaient devenues bizarrement, subitement, proches.

Que lui avait-il pris de dire tout cela à une bonne fraîchement débarquée, plus huronne qu'autre chose et même un peu ribaude. Ce qui les avait fait rire, c'était comment un homme d'Église avait un jour voulu forcer cette dernière et comment il s'était retrouvé le froc aux chevilles grâce à elle devant toute une assemblée, ruinant alors sa réputation !

Après un silence qui leur permit de se remettre les côtes en place, la blondine, quelque peu éméchée dit alors :

— Et si nous sortions ? Toutes les deux *incognito* ? Oh s'il vous plaît Madame, cela serait si amusant, nous mettrions des loups et personne ne nous reconnaîtrait ! Dites oui, Madame, je vous en prie !

Elle s'était littéralement jetée à ses pieds en la fixant des yeux, ce qui ne dura guère. Prenant conscience de sa cavalerie, elle baissa la tête et demanda pardon. Anne était fort songeuse puis finit par dire :

— Oui allons-y ! Même elle n'en croyait pas ses oreilles à l'écoute de sa propre voix. Un immense sourire se fit sur les traits fins de sa nouvelle complice, qui se jeta de nouveaux à ses pieds, si heureuse qu'elle était à cette annonce.

— Il y a un endroit où les gens se rencontrent dans la ville, Madame. Peut-être y aura-t-il un jeune et beau prince digne de votre grandeur ?

Et la petite ricana, imitée par sa maîtresse qui lui répondit :

— Vas chercher de quoi me vêtir et prends aussi ce petit coffre en bois d'acajou, que tu connais normalement.

— Oui Madame.

Et la frivole courut, faisant claquer ses talons sur le parquet en chêne massif impeccablement ciré et brillant. Oriabel revint avec l'objet demandé mais aussi de quoi habiller sa maîtresse pour leur baroud nocturne. Elle glissa la boîte dans les mains d'Anne et déposa un long manteau noir sur ses épaules, qu'elle enroula avec grâce jusque sur sa tête, comme une capuche, couvrant parfaitement sa chevelure frisée et volumineuse. Un loup noir avec les bords en dentelles sortit du coffret en question pour finir le costume. Elle intima la jeune de l'imiter et les deux femmes sortirent de la pièce, puis de l'hôtel, telles des ombres jusque dans les rues sombres où ne semblait point être la place d'une dame d'un si haut rang, mais l'on était folle et l'on allait se griser !

•••

Du côté de nos jeunes hommes, en l'auberge du Faisan d'Or, non loin de l'Hôtel de Rohan en la ville, l'ambiance était bonne, c'était le moins que l'on puisse dire. La taverne était très chaleureuse, remplie de buveurs, ribaudes et autres petites gens. Des violonistes poivres jouaient des airs guillerets qui faisaient se lever, danser les noceurs dans des renversements de vin et des mains aux croupes des follieuses. Les deux comparses s'étaient installés à une grande table en gros bois sale, entourée de bancs de la même trempe. Ils avaient trouvé de la place à côté d'une bande de ribauds qui avait l'air d'avoir le vin joyeux et ne ressemblait pas à des routiers, détrousseurs de bourses ou aux mauvais bougres que l'on croisait dans ce type d'échoppes. Les cruches vides de piquette ou de bière anglaise étaient innombrables à toutes les tables. Puis, nos amis prirent une bouteille de vieux bourgogne, refusant une boisson goddone. Ils étaient en fonds. En effet, pour leur randon, on leur avait remis presque une cinquantaine de pistoles. Assez pour s'offrir le meilleur. L'assistance les avait bien dévisagés à leur entrée et le faisait de nouveau. Tancrède avait vite regretté ce choix. Ils n'étaient pas des locaux, cela se voyait. Prudence, prudence.

— On a été vite repéré, ami, mais mire autour de nous, l'assistance est calme et personne ne vient nous voir. Profitons de cet excellent breuvage français qui n'est point leur pisse de goddon !

Et il sourit, commençant à être légèrement poivre dans tout cela. Nicolas en tenait déjà une belle et rappelons-nous qu'ils n'étaient pas seuls à leur table. Ses mouvements se faisaient amples et moins maîtrisés.

— Essaie de te contenir compain, tu n'es pas le seul pochtronné en ces murs et nul besoin de se faire remarquer davantage !

— Mais détends-toi un peu, tu es sérieux comme un moine, regarde plutôt cette ribaude blonde qui passe, les bras chargés de godets ! Je te parie que tu desserrerais un peu le fessard et tu lui en tirerais des informations importantes sur l'oreiller, qu'en penses-tu ? cria presque maintenant l'imprudent, en enlaçant son compère, ce qui fît trembler toute la grande table et de par là même, ses autres occupants.

Car, lorsque Tancrède disait qu'ils n'étaient pas seuls, quatre gaillards aux hures toutes les plus moribondes les unes que les autres venaient de remplacer leurs premiers voisins et avaient déjà commencé à y aller de bon cœur ! Certainement des marins, se disait ce dernier au fond de lui. En tout cas des protestants pour sûr.

— Arrête je t'en prie, je n'ai pas envie de tirer ma rapière ce soir et tu oublies ce pour quoi nous sommes là ! s'énerva-t-il à l'oreille de son ami qui allait tout faire capoter.

— D'accord, d'accord, ne te courrouce pas, se calma-t-il ! Je voulais juste m'amuser un peu. Je me tiendrai tranquille, rassure-toi, je m'en vais pissoyer et je reviens capitaine !

Sur ses paroles apaisées, mais loin d'être sobres, il se leva en trébuchant, ce qui bouscula son voisin de senestre. Celui-ci se renversa la chopine sur la goule. Ses camarades explosèrent de rire, tout comme Nicolas mais ni l'intéressé ni Tancrède ne faisaient la même tête !

C'était, manque de fortune pour eux, le plus costaud de la bande. Il avait le cheveu ras, devait avoir entre vingt-cinq et trente ans peut-être, mais sa peau basanée à cause du sel et du soleil lui donnait dix années de plus facilement. Sa mâchoire avait l'air d'acier et il avait un cou de taureau. Il portait un long poignard de matelot à ses côtés.

— Enfant de putain ! meugla-t-il en essuyant sa face dégoulinante et en se levant dans un fracas.

En moins d'un éclair, il avait saisi Nicolas par le col, mais Tancrède avait été presque aussi rapide et avait bondi pour s'interposer. Nicolas était déjà cloué au mur par la force herculéenne du marin.

— Nos excuses Monsieur, enfin Messieurs, devrais-je dire, car les trois autres s'étaient levés et toute la société commençait aussi à regarder. Pardonnez mon compagnon, qui est comme moi, ôdé par de longues journées de randon et qui ne sait boire comme vous autres. Il ne cherchait nullement l'offense !

Tout le monde était désormais en arc de cercle autour des deux belligérants, chacun y allant de son commentaire :

— Casse-lui la tête, Mathurin ! entendait-on.

— Laissez-leur la place qu'ils se battent à la loyale ! disait un autre.

Nicolas avait repris ses esprits comme à chaque fois qu'il était en danger. Il reprenait ses manières de gentilhomme, c'était d'ailleurs peu commun comme transformation. C'était comme s'il était sobre mais la rage en lui devenait terrifiante, incontrôlable, dévastatrice et surtout lui rendait immédiatement toute lucidité. Il saisit la poigne du colosse qui lui broyait la gorge et appuya fortement avec le pouce de l'autre main sur le nerf, situé dans l'articulation du poignet. Le réflexe fit desserrer l'étreinte, et notre ami se dégagea vif comme l'éclair. Il fit un bond en arrière et sortit son coutelas. Tancrède se mit devant lui, affrontant la meute, disposée en agora.

— Messieurs, je vous en prie, il est tard pour se battre et tout marchands que nous sommes, nous vendrons cher notre peau ! Ça, sur mon honneur, je puis vous l'assurer !

— Des marchands qui laissent de belles rapières à l'acier tolédan à l'entrée de la taverne ?

— Et des dagues de seigneurs catholiques !

— Chiens !

Plusieurs voix s'étaient élevées et Tancrède avait porté la main à cette arme entre la dague et l'épée, protégeant tout l'avant-bras, qu'il portait à la ceinture, au niveau du dos, bien cachée par sa cape noire. Une plus petite lame était dans sa botte dextre.

— Messieurs, nous ne cherchons point le courroux et onques mieux que vous savez que le commerce paie ? N'ayant point familles, nos affaires nous permettent parfois quelque largesse, voilà tout. Que ne vous offrez-vous donc pas des choses lorsque vous faites bon marchandage ou que vous revenez d'un voyage marin fructueux, hein mes gaillards ?

Un silence rempli de gloussements signifiant en quelque sorte qu'il avait raison se fit puis il continua :

— Nous cherchons à devenir gentilshommes et sommes ici pour affaires. Quel gentilhomme se respectant ne porte pas la rapière ?

Nouveau silence et murmures qui furent rompus par celui qu'ils avaient appelé Mathurin. Il rangea le coutelas qu'il avait dans sa paume dextre en se dégageant avec force de la promiscuité dans laquelle tous se trouvaient.

— Soit, huron de catholique ! Mais nous nous retrouverons, foi de Mathurin et ce jour sera ton dernier !

Les yeux de Nicolas redevinrent du noir que Tancrède leur connaissait lorsque la fureur, presque diabolique, s'emparait de lui. Il allait répondre mais son ami le prit par le bras au bon moment, le poussant vers la sortie, après avoir lâché quelques pistoles sur la table pour la boisson et répétant en se repliant :

— Le bonsoir, Messieurs, et encore nos excuses ! Le bonsoir, Messieurs !

Et une seconde plus tard, ils avaient récupéré leurs allumelles et étaient de retour dans les rues sombres.

— On aurait dû les écorcher vifs, quel couard tu as été ! Haha, reprit Nicolas en se tenant les côtes et en recommençant à tituber.

Tancrède bouillait intérieurement car ce n'était pas son genre de se taire de la sorte et de s'excuser. Lui aussi aurait bien, de quelques taillants et pointes, empalé ces bouseux de huguenots, qui se croyaient supérieurs. Il avait cela en horreur !

Ses doigts avaient repris compulsivement le tournoiement de ses poils du menton. Il plaqua à son tour son compain contre le mur, sans chercher a le violenter et en lui chuchotant de sa voix grave énervée :

— Es-tu stupide ma parole ? Que ne comprends-tu pas dans les mots sans vague, *incognito* ? Si nous les avions bestournés, cela se serait su dans toute la cité dès les lueurs du jour et nous aurions failli, tudieu, puis été lynchés. Ils ont leurs lois ici, enfin c'est ce qu'ils pensent !

— Calme, calme, je n'allais pas continuer la querelle, je n'ai pas oublié, rassure-toi ! essaya de se défendre l'enivré, qui n'en menait pas large, conscient de la pagaille qu'il aurait pu mettre.

Tancrède se calma aussi, lâcha son compain et poursuivit :

— Rentrons maintenant, nous en aurons assez vu pour ce soir. Après plusieurs minutes de marche silencieuse, chacun dans ses pensées plus ou moins avinées, Nicolas sortit :

— Avoue que c'était amusant !

Tancrède sourit puis répondit :

— Oui certes ! Rentrons maintenant !

Ils tournèrent à senestre dans une ruelle où aucune lumière ne brûlait et marchèrent gentiment jusqu'à ce qu'ils entendissent des hurlements de femmes, leur glaçant le sang. Ils se figèrent, se regardèrent, puis d'un accord par un mouvement de tête, coururent dans la direction des cris.

•••

Nos deux dames avaient quitté leur résidence, masquées et enveloppées dans leurs capes noires, dissimulant leurs vêtements, leurs silhouettes et même leurs cheveux. Reconnaître la Parthenay n'était même pas envisageable. L'air de la rue, l'obscurité les grisaient et elles se déplaçaient à petits pas, ponctués par les gloussements d'Oriabel. Sa maîtresse commençait aussi à s'amuser et elle se mettait à sourire, voire à rire sous son masque. Que lui arrivait-il ? Que cette jeune effrontée lui avait fait tourner la tête, elle qu'elle connaissait à peine. Mais que cela lui faisait du bien ! Elle en oubliait les troubles de la politique, l'ombre de la guerre, sa place auprès de sa mère en protectrice de la cité et de la vraie foi. La servante se faufilait le long des maisons, évitant la lumière. Elle semblait très bien savoir ce qu'elle faisait, Anne en était ébahie, pour ne pas dire, inquiète. Elle en avait vu d'autres mais cela faisait des lustres. « Arrête donc de t'inquiéter et pour une fois laisse toi aller ! », se disait-elle.

— Où allons-nous ? demanda-t-elle tout bas.

— C'est une surprise Madame, faites-moi confiance !

Et Oriabel étouffa un ricanement de nouveau.

Elles continuèrent leur parcours jusqu'à ce que des voix se fissent entendre, qui se rapprochaient, des voix d'hommes, mais aussi de femmes. Était-ce une taverne ? Une taverne à ciel ouvert alors, car les sons ne faisaient pas écho comme lorsqu'ils s'échappaient d'un endroit clos. Quel était donc cet endroit ? Un lieu de rencontres galantes ou bien d'orgies et de bacchanales ? La servante ne semblait pas perturber, bien au contraire.

— Nous arrivons sur la place que l'on appelle des galanteries, Madame. N'ayez crainte !

La ruelle débouchait effectivement sur une petite place avec des arcades. Elle était seulement éclairée par la lune et les faibles lumières des foyers qui ne dormaient pas encore. La pierre des voûtes était, par de-ci par-delà, tapissée de vigne vierge. Celles-ci offraient aux amoureux d'un soir de charmantes et intimes alcôves. Des groupes de jeunes damoiseaux, demoiselles, discutaient dans les coins. Les ombres des couples dissimulés derrière les pylônes, les porches de maisons, se devinaient.

— Grand Dieu ! ne put s'empêcher de sortir Anne en détournant le regard et revenant au coin de la rue. Mais c'est un endroit de débauche.

— Pas plus qu'à la cour, Madame ! lui répondit la petite, qui était venue auprès de sa maîtresse pour la conforter. C'est juste l'endroit où les jouvenceaux peuvent venir se faire la cour. Loin des familles et de leurs réprobations. N'avez-vous pas connu d'endroit comme cela dans… ?

Oriabel allait dire « dans votre jeunesse », mais elle s'était retenue *in extremis.*

— Si bien sûr, répondit Anne, mais je n'ai plus l'âge pour cela, rentrons j'en ai assez vu !

Elle avait deviné la suite et avait été piquée. Non effectivement, elle était d'un autre âge et d'un autre rang que tous ces jeunes hurons qui avaient le diable au corps.

— Mais Madame... se risqua la camériste en regardant sa maîtresse de son air de chien battu.

Malgré son loup, les yeux de cette dernière luisaient comme ceux d'un fauve. La jouvencelle ne dit plus mot à part un laconique « Bien Madame » et elles prirent le chemin opposé.

Quelques minutes plus tard, après une marche silencieuse, pendant laquelle Oriabel avait presque les larmes aux yeux et Anne commençait à regretter son choix décidé à cause d'une futilité non avouée, de grosses voix masculines et éméchées se firent entendre et se rapprochaient d'elles. La Parthenay s'était mise sur ses gardes, comme une panthère ou un simple chat. Cela devait être encore des jeunes gens se rendant sur la place en question mais elle sut que cela n'était pas le cas, lorsque quatre silhouettes imposantes, titubantes, dangereuses se dessinèrent plus en amont. Elle commença vraiment à avoir peur. Oriabel n'était plus devant sa maîtresse mais elle était revenue à ses côtés et se serrait contre elle, sachant que si cela tournait vinaigre, cette dernière montrerait son visage ou la dague qu'elle portait dans son corset. La lionne en avait vu d'autres.

— Continue à marcher comme si de rien n'était. S'ils te parlent ne réponds rien, laisse-moi faire !

À deux ou trois toises d'elles, le plus gros d'entre eux, qui n'était autre que le Mathurin que nous avons rencontré à la taverne ce tantôt, s'écria :

— Oh les copains, regardez ces deux diablesses noires masquées. Alors mes jolies on a perdu son chemin ?

Elles ne répondirent rien et pressèrent le pas, en essayant de les contourner mais les gaillards ne le voyaient pas ainsi. Ils se disposèrent sur toute la largeur de la ruelle afin de ne leur laisser aucune issue possible.

Anne s'immobilisa devant le grand loudier, qui la toisait, le sourire aux lèvres et qui reprit :

— Alors ma grande, serais-tu sourde ou muette ?

— Laissez-la, dit Oriabel toute tremblante, nous avons de quoi payer, prenez cette bourse et laissez-nous tranquilles ! Sur ce, elle jeta une petite bourselle en cuir, prise dans le revers de sa robe noire de servante, dans laquelle quelques pistoles lui appartenant se trouvaient.

— Haha et bien en voilà un programme, vous avez entendu les gars, elle nous prend pour des voleurs ?

Et les rires de ses comparses poivrasses résonnèrent dans la sombre venelle.

— On est là pour autre chose, mes petites dames ! continua le coquin et il caressa l'épaule d'Anne en disant cela pendant que les autres encerclaient la malheureuse jeune servante terrorisée, qui se mit à presque crier.

Anne leva les yeux froidement vers son agresseur. Il lui soufflait son haleine avinée et nauséabonde. De son bec ouvert, pendant, édenté, la bave coulait sur sa chemisette noire de crasse, imbibée de sueur de crasse et de vinasse. Cette vision d'enfer commençait sérieusement à la courroucer ! Avec toute l'aristocratie et toute l'autorité qu'elle avait, elle lutta contre son dégoût, le regarda et lui dit :

— Monsieur, laissez-nous passer, je vous prie.

La confiance qui émanait de cette dame, sa stature, son flegme déstabilisèrent le larron que ses compains rayaient, tout en commençant de leur côté à pincer la pauvre Oriabel. Cela commençait à sentir très mauvais pour ces dames qui avaient été prises à leur propre piège.

— Mais où allez-vous si vite, mes mignonnes ? Vous n'avez pas trouvé chaussure à votre pied ou plutôt damoiseau bien membré sur la place de la luxure ? Rassurez-vous me voici ! Et en disant cela, il prit Anne par la taille et l'attira vers lui. Raptée par trois cuistres, quel malheur, pensa-t-elle ! Que n'aurait-elle fait de rester au coin du feu au lieu d'avoir eu cette stupide idée. Elle aurait même conversé avec Marguerite, tiens.

Elle sentait les mains se presser autour d'elle, de sa poitrine, ses hanches et elle manqua défaillir. Mais à ce moment-là, une voix se fit entendre, ce qui remit la petite. De son côté, l'affreux Mathurin serrait toujours sa proie par la croupe mais son regard se porta sur l'allée, en direction de là d'où semblait provenir la voix, qui reprit :

— Lâchez ces dames, coquins ! Puis une autre, avec le même ton menaçant suivit :

— Qu'est-ce donc ces manières alors ? On moleste des femmes la nuit venue ?

Deux bruits de rapières tirées du fourreau suivirent et dans la brume, sortirent d'un pas décidé et la lame haute, nos deux amis Nicolas et Tancrède.

— Tiens, tiens, dit Nicolas, qui comme à son habitude dès qu'il y avait danger, avait repris tous ses esprits. Je ne m'attendais pas à te retrouver si tôt ce tas de purin, ahah.

Les quatre ribauds, rouges comme le vin dont ils avaient abusé lâchèrent les femmes, qui vinrent à toute vitesse se mettre en sécurité derrière leurs sauveurs. Tancrède eut une décharge électrique, un frisson qui oui parcourut tout le corps, en sentant cette grande femme en noir, chercher refuge derrière lui, ses petites mains accrochées à sa cape. Il en fut flatté et cela lui fit du bien. Il était temps de se débarrasser de leurs agresseurs, encore allait-il falloir le pouvoir.

— C'est le Ciel qui vous envoie, Messieurs ! C'était la dame accrochée à son mantelet. Quelle voix, quel timbre et quelle hauteur de ton ! Il en eut un frisson de nouveau.

— Merci, merci, Messeigneurs ! cria Oriabel, qui était derrière Nicolas mais encore plus accrochée à lui.

Lui, rougissait comme un jouvenceau. Rougeur qui se reconcentra sur ceux d'en face et se changea en courroux :

— On ne devait pas sortir l'épée ce soir, mais je jure Dieu que je vais te tailler les oreilles en pointes, gros lardon !

Et Nicolas courut au susnommé l'épée levée. La rage l'avait repris. Cette force invisible qui le guidait ne signifiait cependant pas que prudence n'était pas de mise.

Les trois compagnons du grand Mathurin se mirent en rang, faisant face au gentilhomme qui arrivait à grandes enjambées. Tancrède était resté derrière, protégeant les dames. Les poivres aux hures de morts-vivants étaient munis de gourdins de bois ou couteaux. Ils avaient envie d'en découdre, c'était sûr. La bave aux lèvres, les yeux gonflés de sang, ils attendaient avec hâte la confrontation qui promettait d'être sanglante.

Tancrède rejoint son camarade au pas de charge. Un premier gaillard, tout maigre, presque en haillon et l'air sévèrement pochtronné, fit quelques pas vers eux.

— Prends ça pucelle ! dit-il, faisant apparaître une dentition abominable et levant son bâton pour le fracasser sur la tête de Nicolas.

D'un habile mouvement de bassin à senestre, ce dernier évita l'attaque. Le bois siffla à son oreille et fendit l'air, tandis que lui, arrivait à portée du huron, parfaitement découvert.

« Pourvu qu'il ne l'occise pas ! », pensait Tancrède qui était arrivé.

Il fut entendu, car c'est la grosse coque de la garde de l'épée qui vint frapper l'adversaire, en pleine mâchoire, avec une violence inouïe. Une gerbe de sang, morceaux de chair, même quelques chicots jaillirent et le bougre partit à la renverse. Pendant ce temps-là, Tancrède courait toujours et aperçut derrière les belligérants le grand Mathurin, qui avait une grande goule mais était le plus vil des couards. Il était aisé d'envoyer ses compains poivres au casse-pipe quand lui était en retrait.

Il restait un bougre à dextre qui tenait un coutelas pendant que le dernier à senestre, était armé d'un bâton de manant. Notre damoiseau s'arrêta alors, prêt ! Le gourdin partit en l'air pour essayer de le toucher à la tête. Il le para d'un coup d'estoc de son épée, qui était large et solide. Sa botte senestre partit comme une catapulte et vint frapper le ribaud en plein dans les couillons, ce qui le fit se plier en deux, la face vers l'avant. Tancrède qui avait ramené son arme à lui, assena alors un puissant coup de garde dans sa goule, puis un second et un troisième. Sa face était en charpie, il avait défailli et se liquéfia au sol dans une mare de sang et de pissat. De son côté, Nicolas avait poursuivi sa course vers l'avant après la pulvérisation du premier loudier. Lorsque Tancrède releva les yeux, il vit la pointe de l'épée de son compain sur la gorge du troisième malandrin qui était pétrifié. Il avait même pissoyé dans ses braies, lui aussi, et lâché son couteau.

— Laisse-moi passer avant que je ne te transperce, ce n'est pas après toi que j'en ai !

Le couard prit ses jambes à son cou, en titubant puis disparut dans l'obscurité. La nouvelle scène était composée donc de deux navrés, gémissant à terre dans leur sang, nos deux amis debout épée au poing, les dames derrière et devant, le gros Mathurin qui n'en menait pas large. Il n'était pas armé. Vilain couard qu'il était, en chef de bande de vauriens, uniquement bon à couper les bourses dans les tavernes. Ces soudards étaient sa protection sauf que, là, ils ne pouvaient plus rien pour lui. Il leva les mains et dit en essayant de sourire :

— Mille excuses, Messeigneurs, si j'avais su que ces dames…

— Silence, hure de pet ou je te transperce !

Nicolas avait redirigé son allumelle vers le gros torse sale. Tancrède avait quant à lui, remis au fourreau la sienne et s'approchait du grand huron en se dégantant :

— Tu vas faire tes excuses à ces dames, et si nous considérons mon compain et moi que cela est assez, nous te laisserons partir, sinon…

— Pour qui te prends-tu, jeune pucelle ? Va te faire encornardir, se rebella Mathurin.

Mais il eut à peine le temps de dire ces mots que Tancrède l'avait atteint à la gorge, d'une manchette de la main tendue, juste sous la glotte. Le colosse s'écroula en suffoquant, la respiration coupée. Il gigotait tel un poisson sorti de son bocal et sentit sa main prise, puis les doigts retournés.

— Nous t'écoutons ou je te brise les doigts un par un !

C'était notre héros qui tirait les phalanges du bougre vers l'arrière. Celui-ci essayait de hurler de douleur, mais presque rien ne sortait, car il avait toujours le souffle coupé.

Oriabel jubilait de voir ses agresseurs aussi vilement malmenés et ricanait, un large sourire se dessinant sous son masque. Anne regardait cela avec son flegme habituel mais elle ne s'en délectait intérieurement pas moins. Le supplicié tapait au sol de sa main valide, en marmonnant de douleur. La botte de Nicolas le frappa alors sous le menton, ce qui le fit décoller du sol vers le haut mais Tancrède maintenait son étreinte et plusieurs phalanges éclatèrent, comme écartelées. Cette fois-ci, il couina comme un porc qu'on va égorger. Les deux femmes sursautèrent devant cette scène, surprises et choquées par les craquements, les bruits que faisait ce cornard sous les coups, mais l'une plus que l'autre, comme notre lecteur peut s'en douter.

— Pitié, pitié, je m'excuse, je m'excuse, cria-t-il en s'étouffant.

La douleur et les supplications de Mathurin avaient réveillé quelques fenêtres et des voix se faisaient entendre.

— Merdaille ! dit Tancrède en lâchant l'affreux qui s'affala.

Il repensait à sa mission. Eux qui devaient passer inaperçus, cela était réussi. Il se rapprocha des deux femmes et plus particulièrement, de celle qui lui avait fait tourner le sang. Il devinait inconsciemment sa supériorité mais il faut dire que cela se voyait. Il était comme envoûté, depuis le départ, par cette intrigante silhouette, svelte, sombre, élégante, cette chevelure presque argentée, bouclée, débordant de sa capuche par petits endroits, ces yeux verts perçant sous son loup, qui brillaient dans l'obscurité tel un chat. Il enleva son chapeau en faisant une belle révérence :

— Madame, à votre service ! Mon ami et moi devons partir mais je pense que vous pourrez céans retourner en votre logis, en toute sécurité.

Anne put enfin voir de près les traits du visage de ce beau jeune homme, d'une élégance et d'un maintien tout à fait raffinés mais qui lui avait surtout sauvé la vie. Elle fut, elle aussi, sous le charme à l'instant. Une décharge électrique l'avait piquée à la poitrine, plus forte que lors du danger couru plus tôt. « Qu'il était beau », se disait-elle.

Une chevelure blonde, tombant sur des épaules solides, une moustache cavalière parfaitement taillée, dégageant des lèvres dessinées, presque féminines, un nez équilibré et des yeux d'un bleu intense. La sage, et plus de la première jeunesse, dame de Rohan était piquée !

— À qui dois-je la vie, je vous prie Monsieur ? dit-elle en souriant.

— Tancrède de Montvallon et voici mon ami Nicolas Bracieux. Nous venons de Paris et logeons en l'Hôtel de Ville.

— Resterez-vous encore longtemps en nos murs ? demanda Anne.

Oriabel s'était rapprochée d'elle car les bruits de voix, de grognements de dormeurs ou buveurs troublés semblaient venir vers eux. Il allait falloir filer.

« Vite Madame ! », entendirent les deux jeunes hommes appeler la plus jeune, en tirant sur la cape de l'autre. Elle n'en lâchait pas pour autant des yeux Nicolas, ce beau sauveur dont la fougue, le courage, l'avaient émerveillée. Elle en était tout émoustillée et transpirait sous son attifement.

— Je brûle déjà de vous revoir Madame ! répondit Tancrède en faisant de nouveau la révérence, imité par son ami.

Il se releva avec un sourire presque amoureux qui acheva de faire chavirer la poétesse.

En une seconde, les deux jeunes gens s'étaient envolés. Les Rochelais dont les fenêtres s'étaient allumées n'en étaient pas descendus pour autant, habitués aux remue-ménages des sorties de tavernes où les affrontements n'étaient pas rares. Les deux dames ne virent que quelques goules sortirent des fenêtres mais filaient comme des ombres, rasant les murs jusqu'à l'Hôtel de Rohan dans lequel elles se glissèrent vélocement et discrètement. Elles étaient toujours guidées par l'adrénaline de tout ce qui s'était passé. Dans l'antichambre, elles se débarrassèrent de leur déguisement puis se laissèrent tomber sur les divans. Là, Anne regarda sa servante qui s'attendait à recevoir la foudre.

Mais à la place, un éclat de rire sortit et les deux femmes parlèrent jusque tard dans la nuit, de ces deux beaux damoiseaux.

De leur côté, les deux jouvenceaux étaient rentrés en courant du plus vite qu'ils avaient pu, jusqu'à l'Hôtel de Ville. Ils n'avaient été vus par personne, enfin, c'est ce qui leur paraissait. Dans le grand bâtiment, tout le monde dormait ou cuvait et les écuries étaient proches de l'entrée dans la cour. Ils s'étaient silencieusement glissés dans leur paillasse, sans mot dire, comme le temps de digérer mais aussi de revivre, tout ce qui s'était passé. Nicolas, brisa le silence :

—Je sais ce que tu vas me dire, tu veux m'occire, vas-y je le mérite bien !

Tancrède se tourna, faisant ainsi face à son compain. Il se sentait plus proche de lui que jamais. Il avait vu le regard que ce dernier avait porté sur la jeune soubrette. Elle compagnait celle, dont il était, pour sûr maintenant, amouraché. Il avait même envie de lui en faire confidence, comme l'aurait fait une damoiselle. Nicolas était encore légèrement poivre mais il avait un regard gêné, comme une jouvencelle lui aussi :

— Rassure-toi, nous ne dirons rien ou plutôt si. Nous raconterons que nous sommes sortis faire un tour et prendre l'atmosphère dans une taverne pour voir si les Rochelais sont provisionnés.

— Ce qui n'est pas tout à fait faux, répondit Nicolas, l'air soulagé. Nous ne pouvions savoir que des hurons nous chercheraient querelle.

— Nous nous garderons bien de tout raconter, bien entendu ! Les femmes surtout, m'as-tu compris ?

Tancrède avait repris son ton un peu supérieur sans le vouloir. C'était de la plus haute importance, encore plus qu'avant ou que tout. C'était désormais vital ! Il voulait revoir sa belle fantôme et pour cela personne ne devait le savoir. La question de la foi était apparue à Tancrède quelques instants auparavant. Quelle tourbe ! Eux, des espies du roi, en territoire hérétique, courtisant des huguenotes, c'était tout bonnement impossible !

Mais il n'avait pas ressenti cela depuis des années. Il avait tout donné pour sa carrière militaire, là avait été sa priorité jusqu'alors mais tout avait basculé en un instant. Un monde nouveau s'ouvrait à lui et en lui. Il avait connu des femmes, connu l'amour, mais là, c'était différent.

Notre damoiseau avait beaucoup plus côtoyé les soldats, vieux gardes et banquettes d'antichambres que damoiselles et salons de la cour. Il devait la revoir, il ne pouvait en être autrement !

— Oh oui, qu'elle était belle, cette jeunette ! reprit Nicolas pensif, je suis d'accord, n'en parlons pas et dès demain nous tenterons de les retrouver. T'a-t-elle dit qui elles étaient ?

— Non mais je pense que la tienne est la servante d'une dame huguenote, sans vouloir t'offenser bien sûr, compain. Elles n'ont pas les manies des nôtres catholiques, qui portent parures et bijoux. Leur foi le leur interdit et seul ce qu'elles sont est gage de leur noblesse. Mais c'est aussi cette différence qui est pour nous signe de merdaille.

— Tu as raison.

— Tâchons de dormir. Il nous faudra demain bien jouer notre rôle et ne pas en oublier notre petit secret.

— Tu peux compter sur moi mon frère, rétorqua Nicolas.

Il se tourna alors pour rejoindre le pays des songes et fit un pet bruyant, ce qui embarqua les deux amis dans un dernier éclat de rire.

•••

Le lendemain matin se passa sans encombre pour nos deux compagnons. Ils reçurent les railleries d'usage de la part des mousquetaires, ayant dormi dans le purin selon leurs dires et n'eurent aucune nouvelle des tractations qui se passaient en coulisses. Ils n'étaient que des soldats, là pour escorter un homme d'Église. Ils ne le virent d'ailleurs pas mais reçurent juste l'ordre d'aller flâner dans la ville, ce qui arrangeait bien leurs affaires. Pour cela, Armand et le Templier avaient ôté leur casaque mais laissé leur gros baudrier en cuir, tenant les longues rapières de combat. Les quatre soudards s'étaient donc retrouvés dans la cour et partirent en promenade dans la cité, avec pour but et consigne de tout regarder. Il fallait surtout, paraissait-il, qu'ils aillent voir si des îles fortifiées, au large de la ville, étaient entourées de navires ou si des manœuvres s'y préparaient. « Un contingent goddon conduit par le Duc de Buckingham en personne avait débarqué récemment sur l'île de Ré », raconta Armand. Leur général Toiras, qui s'était occupé des attaques précédentes, continuait la besogne.

Que devaient-ils alors chercher que le Cardinal ne voyait pas ?

Nos deux amis regardaient tout sur leur passage, espérant aussi secrètement croiser le regard de celles qui les avaient fait chavirer la veille. Ils arrivèrent au port puis firent le point sur la marche à suivre. N'étant pas équipés de longues-vues tels les marins, il allait falloir changer de point car la grande île de Ré, presque collée à la cité se voyait bien mais l'on ne pouvait y déceler les détails. Sa cousine, l'île d'Oléron, était un peu au sud mais toute aussi imposante. On apercevait quand même ses fortifications.

— Tudieu, de la mer, cette pute de ville est bien protégée !

Armand regardait les îles d'un air songeur.

— De la terre aussi !

C'était Hugues et tout le monde s'était tourné vers lui car il ne lui était pas habituel d'ouvrir la bouche.

— Si le Roi les perd, on n'est pas dans la merdasse ! C'est la porte ouverte pour les goddons ! Ils sont huguenots sur ces îles les gars ?

C'était Nicolas, qui n'était pas fin politique du tout et ne connaissait que sa foi de naissance, la foi catholique, la vraie foi.

— Et oui compain, répondirent Tancrède et Armand de concert.

— C'est la merdaille, allons voir cela de plus près !

Armand prit le pas sur les autres et ils marchèrent tous vers la pointe, au nord-ouest de la ville. Cette même pointe reliait presque le continent à l'île de Ré.

Ils longèrent une grande plage, là où serait bâti un peu plus tard pendant le siège de la ville, le fort du Chef de Baie, grande tour fortifiée protégeant cet endroit hautement stratégique.

Tout au bout, ils s'arrêtèrent et purent observer. Il y avait beaucoup de mouvement. L'on voyait plusieurs embarcations au mouillage. Des canots faisaient des allers-retours entre la terre et les navires. Aucun pavillon goddon n'était déployé, sans doute tous des navires marchands, mais tous français ? Cela n'était guère sûr. Tancrède devinait ce qui était en train de se passer. Les huguenots devaient encore attendre ou du moins espérer une nouvelle tentative d'aide de leurs alliés. Richelieu allait forcément réagir et cela de manière terrible. Plus que la perspective de la guerre, c'était l'idée d'être séparé à jamais de sa vision divine de la veille. Cette femme en noir et aux yeux verts de chat hantait son esprit. Il devait la revoir, il ne pouvait en être autrement ! Comme il pensait cela, il regarda Nicolas qui avait l'air, lui aussi, perdu dans ses pensées. Hugues et Armand parlaient tout bas tous les deux, sans doute de quelque consigne, information dont nos amis n'avaient aucune connaissance. Ils s'en moquaient bien d'ailleurs, la guerre, la politique, la religion. Seules leurs deux déesses dans cette réalité si ténébreuse, comptaient pour eux. Les mousquetaires revinrent vers eux, l'air sombre et le Gascon leur dit :

— Alors les gars, vous comprenez ce qui se passe ?

— Trop bien l'ami, trop bien, on va se battre voilà l'affaire !

Tancrède avait répondu d'une manière si lasse.

— Gagné ! lui rétorqua ce dernier en le saisissant affectueusement par l'épaule. Rentrons maintenant, quelque chose me dit que nous serons à Paris plus tôt que prévu. Et les quatre compains prirent le chemin inverse, vers l'Hôtel de Ville, en hâtant le pas.

Nos damoiseaux marchaient l'un à côté de l'autre, quelques pas derrière, se cherchant du regard.

— Qu'est-ce qu'on fait ? susurra Nicolas à l'oreille de son complice, l'air vraiment très inquiet, je deviens fou, j'ai été ensorcelé, cette damoiselle m'a jeté sortilège ! Alors on repart comme ça ? On ne les cherche même pas ?

— Tais-toi, idiot, s'ils nous entendent, c'en est fini de nous pour de bon !

Tancrède marqua alors une pause, Hugues s'étant retourné légèrement vers eux.

— Prions pour que nous ne partions que demain, nous aurons la soirée pour agir.

•••

« Que faisait-elle ? Mais, que faisait-elle ? », trépignait Anne de Parthenay dans la chambre, que notre lecteur connaît désormais, au-dessus du salon aux grandes fenêtres, dans l'Hôtel de Rohan de la capitale protestante du royaume de France. Elle était en train d'être habillée par sa fidèle Marguerite et elle la grondait comme souvent pour son manque d'habileté au serrage du corset, seule coquetterie féminine, dans une allure qui se voulait, se devait, sévère. En effet, après les événements de la veille, elle avait fait appeler Oriabel aux aurores, avant les laudes comme auraient dit ces catholiques fanatiques à la botte de Rome ! La suivante, tout heureuse qu'elle était, comme sa maîtresse d'ailleurs, était apparue toute guillerette au chevet du lit de Madame ce matin-là. Elle fut chargée de retrouver coûte que coûte ces messieurs et elle avait pour cela de bons atouts. En effet, aussi à l'aise avec les gens, fouineuse, espiègle, charmeuse qu'elle était, elle avait noué des relations avec beaucoup d'autres demoiselles de son estoc dans la ville. Elle avait, pour ainsi dire, des oreilles partout et étant friande de potins, elle descendait dès qu'elle le pouvait dans les rues, à la rencontre de ces autres petites mains, qui l'abreuvaient des nouvelles croustillantes et surtout des histoires d'amour ou plutôt charnelles de la cité. Anne réfléchissait et tentait de se calmer car elle bouillonnait. Premier bon point, elle savait qu'ils venaient de Paris, ces messieurs le leur avaient dit ! Peut-être et même sans aucun doute n'étaient-ils pas passés inaperçus. Pour l'heure, il fallait attendre mais que le temps lui paraissait long. Elle revoyait sans cesse ce visage d'Apollon, cette beauté, cette virilité fragile qui se lisait sur ses traits. Elle avait bien sûr remarqué son corps svelte mais tout en muscles. Il avait mis sa vie en péril pour elle, ça ne faisait que renforcer le désir qui brûlait en elle pour ce beau jeune homme ! Elle se sentait différente, avait envie de s'apprêter, de se faire belle ce jour. Pour lui ! Un fin collier de perles blanches serré sur son cou, un peu de poudre sur les joues, de rouge ici et là, ce matin était bien différent des autres. Le sourire qu'elle arborait céans, réconfortée par cette pensée en était la preuve. Elle était loin de la politique, loin de sa mère qui était fort soucieuse ces derniers temps et pour cause. En une soirée et une nuit, elle avait rajeuni de vingt ans. Elle eut même l'impression que le désir lui était revenu, cette sensation qui met tous vos sens en éveil. Elle l'avait expérimenté au travers de ses vers toutes ces années mais qu'il était bon de vivre cela. En revanche, elle commençait à quelque peu s'impatienter. Mais que faisait cette petite effrontée ? Ah, elle aura discuté et traîné la patte, c'était sûr, elle la rabrouerait sévèrement à son arrivée !

Non Anne, il ne fallait pas penser ainsi, à l'inverse, c'était grâce à elle tout cela et en plus elle avait jeté son dévolu sur le compagnon de son aimé. Non, elle ne tarderait pas, elle ferait vite ! Ce fut là que des bruits de petits pas courts, pressés, se firent entendre dans les degrés. Une décharge lui parcourut l'échine, les fins poils de sa nuque se hérissèrent, c'était son pas, le pas d'Oriabel, elle courrait en plus, elle devait avoir des nouvelles !

Anne se leva d'un bond, ce qui manqua de faire renverser Marguerite, qui s'affairait encore autour d'elle pour finir de l'habiller. La porte s'ouvrit dans un fracas et Oriabel entra effectivement mais à plat ventre la tête la première. Elle avait manqué la dernière marche et s'était étalée de tout son long. La pauvre n'avait pas manqué son entrée une nouvelle fois. Marguerite sursauta et un cri fort aigu sortit de sa bouche. Elle était habituée à la tranquillité et forte émotive, trait déjà remarqué par notre fin lecteur. Leur maîtresse, immédiatement et avec impatience, tonna :

— Eh bien, relève ton céans, ma jeune amie et parle !

— Quelle honte de te présenter ainsi ! Petite effrontée !

C'était Marguerite. La vieille dame d'alentour comptait bien profiter de la situation pour se revancher et elle était satisfaite du boulet qu'elle venait d'envoyer.

— Laisse-nous Marguerite, je te prie ! coupa Anne sèchement.

— Mais Madame…

— Marguerite !

Et elle reçut un regard souriant et bienveillant plutôt que les yeux sombres, réprobateurs, comme elle aurait reçu normalement. Elle s'exécuta, mais elle finirait par découvrir ce que cette jeune sotte avait bien pu mettre dans le crâne de sa maîtresse. Elle en était tout pâle en allant s'asseoir dans une des antichambres. De grands changements avaient eu lieu depuis la veille. La venue de cette nouvelle gourgandine avait fait changer Madame, mais là c'était du jamais vu ! Qu'avait elle fait pour que la poétesse de Rohan soit aussi joviale et magnanime ? Cela ne sentait rien de bon pour elle. Il y allait avoir du mouvement, elle ne serait plus la favorite, peut-être allait-on même voyager. Quel malheur !

Elle sortit la tête basse mais gardant la tenue qui s'imposait à sa charge. Il fallait d'abord se calmer, ce qu'elle fit en s'exilant dans une antichambre quelques pièces plus loin. Une fois seule, elle s'en voulut de ne pas être restée juste à côté pour écouter à la porte mais elle était odée par toutes ces émotions. Après avoir revérifié qu'elle était bien seule, elle s'installa confortablement dans un petit canapé en soie, se soulagea d'un pet libérateur puis s'endormit, le sourire aux lèvres.

Pendant ce temps-là, Oriabel avait presque crié, alors qu'elle était encore au sol :

— Je sais qui ils sont, Madame ! Je sais qui ils sont !

La pauvre se remit sur pied comme elle put, un grand sourire aux lèvres ponctué de légers soubresauts de douleur et en sueur. Son visage, son vêtement portaient les stigmates de sa course mais aussi de sa chute. Elle raconta alors comment elle avait appris les choses.

Il se trouvait qu'un des palefreniers de l'Hôtel de Ville était marié à une grosse bonne femme, qui travaillait avec une jeune bécasse dans les cuisines de l'auberge de La Longue-Vue, qui elle, connaissait la cuisinière d'un hôtel non loin de celui des Rohan, qui se trouvait être une amie de potins de la jeune suivante. Elle sut donc de fil en aiguille, que les deux jeunes hommes étaient arrivés en la ville la veille, avec un clerc et des mousquetaires, qu'ils étaient logés par le maire Jean Guiton et qu'ils devaient être là en mission ponctuelle. De par tous ces éléments, cela était sûr que le séjour ne durerait guère longtemps.

— Pas une minute à perdre ma jolie ! dit Anne, en allant s'asseoir à son petit bureau à toute vitesse, sur lequel elle prit une plume et écrit sur un papier à message.

— Prends ceci et va les attendre devant le logis du maire. Je ne le cachette pas, mais ne le lis pas ! Je te rassure, je leur donne rendez-vous pour cette nuitée !

Oriabel n'en croyait pas ses oreilles. Elle ne connaissait pas sa maîtresse depuis très longtemps, mais assez pour savoir que ce n'était pas dans ses habitudes. Et cette soudaine proximité avec elle l'amusait énormément. Elle avait réussi à dévergonder la Rohan mais espérait en même temps que cela ne lui retomberait pas dessus. Outre cet aspect, elle aussi se sentait bizarre, différente, émoustillée, heureuse. Nicolas, elle connaissait son prénom. Quel bel homme, fougueux, sanguin, beau. Quel regard ténébreux, intriguant ! Il n'avait pas hésité un seul instant pour courir et les rescuer. Et, mis sa vie en danger pour elle, elle n'en revenait pas ! En plus, un gentilhomme, c'était trop beau pour être vrai ! Elle avait aussi bien vu comme il l'avait regardée. Il éprouvait la même chose qu'elle, ça, elle le savait ! Cette place auprès de la grande Madame de Parthenay n'était pas une mauvaise idée, tout compte fait.

Peut-être n'était-ce que le début de son ascension, peut-être même l'emmènerait-il à Paris, à la cour. Que cette pensée était agréable et que n'avait-elle pas rencontré ce damoiseau avant !

Une autre songerie lui venait, très mauvaise cette fois ! La religion ! Sa maîtresse y avait-elle réfléchi ? Elle l'imaginait, en était certaine même mais avait peur. Que se passerait-il si elles étaient découvertes ? Après tout, Anne n'était pas n'importe qui, c'était la fille de Catherine de Parthenay, c'était une Rohan, une princesse de sang, même si sa foi huguenote et son aversion au Cardinal en faisaient un cas à part. Il fallait qu'elle lui demande mais elle ne savait comment s'y prendre.

Elle subirait peut-être son courroux, effaçant sa bonne humeur depuis la veille. Au lieu de partir sur-le-champ, elle resta debout, gênée, ne sachant que faire. Fallait-il lui confier ses craintes ?

— Eh bien, qu'y a-t-il ma petite ? Tu devrais déjà être partie, parle ! questionna Anne, se rendant compte que quelque chose n'allait pas et fronçant légèrement les sourcils.

— C'est-à-dire que, Madame, Je ne sais comment dire ! balbutia timidement Oriabel, elle qui était normalement, si expansive.

— Parle enfin, tu vas les manquer sinon ! Tu devrais déjà être en train de courir !

— Eh bien, ils sont catholiques n'est ce pas ?

— Certainement et alors ?

Anne commençait à perdre patience, elle n'en avait que faire mais surtout, elle ne voulait pas y songer. Après tout, elle ne comptait pas se marier ou imaginer le long terme. De toute façon, la guerre allait arriver, tout redeviendrait néant, elle voulait en profiter.

— Mais que dira-t-on si l'on nous découvre ? Cela est en plus un grand pêcher, Madame. J'ai ouï des histoires sur les nièces de feu notre roi qu'on appelait le Bel. Après qu'il ait su qu'elles avaient chacune une aventure, il les a fait enfermer pour la vie et fait décoller les amants. Je trouille, Madame !

— N'oublie pas que nous avons notre propre système hiérarchique, en tant que défenseurs de la vraie foi et c'est oublier qui je suis ! Qui pourrait me juger ou me châtier ? Le cardinal me décollerait lui-même s'il le pouvait mais il ne le pourra jamais ! N'ai crainte, rien ne peut nous arriver !

Cela avait redonné confiance à la jouvencelle qui sourit.

— Et bien qu'attends-tu ? Que je me fâche ? File maintenant !

La petite partit en vitesse, le cœur en joie. Elle aimait sa maîtresse, c'était définitivement une grande dame ! Il était tôt, elle attendrait toute la journée s'il le fallait et ne se laisserait pas détourner de sa tâche. Elle se mit donc à son poste et patienta, scrutant tous les visages qui passaient, à la recherche des deux princes

•••

Les quatre espies du roi avaient donc rapidement pris la route du retour jusqu'à leur logis, afin de rendre compte de ce qu'ils avaient vu et de quelles étaient les consignes à suivre. Les mousquetaires étaient soucieux et marchaient d'un bon pas. Tancrède s'inquiétait, ils allaient sans nul doute repartir prestement pour Paris, il ne reverrait jamais cette belle ombre qui avait fait chavirer son cœur. Ah, que la vie était cruelle ! Peut-être Dieu ne le voulait-il pas, cette dernière étant sans aucun doute une huguenote ! Nicolas faisait aussi une tête d'enterrement, les mêmes pensées étaient en lui. Ils échangèrent un regard complice et déconfit. Plus qu'un dernier coin de rue à tourner et ils seraient de retour dans l'Hôtel de Ville. Voilà en fait ce que le Cardinal attendait, un point de vue depuis La Rochelle elle-même. Pour l'avoir eu, ce point de vue, ils l'avaient eu ! Ils seraient sommés d'aller s'occuper des chevaux et vivres pour leur départ. On les enverrait patienter aux écuries pendant que les autres rendraient compte au clerc. Que cela serait beau s'ils pouvaient ne partir que le lendemain matin ! Ils auraient la soirée pour retrouver leurs aimées. Mais Tancrède fut tout à coup très las, pessimiste. Il ne la reverrait jamais ! Les deux amis s'apprêtaient à franchir le seuil de la cour du bâtiment lorsque Nicolas devint blême, blanc comme un linge. On aurait dit qu'il avait vu le diable en personne. Ses yeux étaient rivés sur un petit attroupement, qui se trouvait non loin. Tancrède, encore plus inquiet, suivit la même direction du regard et crut tomber à la renverse. C'était une des deux dames et il comprit mieux pourquoi son compain était si livide, c'était son aimée !

Que Dieu était grand, il crut rêver ! Elle aussi les voyait et mit un doigt sur sa bouche, comme pour leur dire de faire comme si de rien n'était. Elle était belle avec son jeune visage aux traits fins, ses grands yeux bleus et sa chevelure blonde. Elle se dirigea vers eux avec discrétion, se mêlant à la foule des passants et portant la main dextre au niveau de la taille, sans doute vers quelque poche cachée de sa robe. Les deux jeunes gens comprirent et firent exprès de traîner un peu le pas, ce qui fît que les mousquetaires avaient un peu d'avance. La soubrette les croisa, passa son bras en éclair sur celui senestre de Tancrède, dont la main était apposée sur le pommeau de son épée. Elle glissa dans son gant quelque chose, qu'il sentit comme un bout de papier. Elle avait fait tout cela en souriant largement et dévorant des yeux Nicolas. En une seconde là encore, elle avait disparu parmi les badauds. Ces femmes étaient donc vraiment des fantômes ! Les cœurs de ces messieurs allaient exploser et ils ne purent retenir de larges sourires, aiguiser leurs lèvres mais se reprirent rapidement. Les autres n'avaient rien remarqué ! Ils filèrent directement aux écuries en pressant le pas, sachant de toute façon que c'est là qu'on les enverrait.

Leurs supérieurs avaient une guerre à déclarer, eux, avaient mieux à faire.

Une fois seuls dans la cour, les mousquetaires étant partis comme des flèches vers les appartements du clerc, nos deux amoureux se précipitèrent dans les leurs, parmi la paille et les chevaux. Là, Tancrède sortir de son gant, devant son ami qui trépignait d'impatience, un petit bout de parchemin, soigneusement plié mais non cacheté. Ils marquèrent une petite pause et Nicolas dit :

— Pas de sceau, elle n'est peut-être pas la grande dame que tu croyais, mais qu'importe, déplie le vite je n'en peux plus et les autres vont revenir, sans doute nous déléguer quelques corvées ou autres !

— Elle aura fait ça pour sa sécurité, tu verras !

Et il déplia soigneusement le petit mot, qui disait :

« Monsieur,

Je vous attendrai rue de la Harpe, dans la maisonnette rouge, à dix heures précises cette nuitée.

Ma suivante me compagnera, venez avec votre ami, et toquez trois fois.

Brûlez ce mot après l'avoir lu, il me tarde de vous voir. Anne »

Tudieu, que son cœur allait exploser, elle l'aimait donc aussi ? Ah, quel sentiment extraordinaire, le jeune soldat avait l'impression de flotter dans les airs et son compain aussi.

— Ami, elles nous ont donc remarqués comme nous ? Ah, que c'est beau, que c'est bon, laisse moi t'embrasser !

Il se jeta au cou de Tancrède qui le repoussa, devenu soudain sérieux :

— Attends un peu, il faut déjà prier pour que nous ne partions pas immédiatement !

— Nous ferons tout pour que cela ne soit pas le cas ! dit Nicolas en souriant.

— Qu'as-tu en tête compain ?

— Eh bien, nous sommes préposés aux chevaux n'est-ce pas ?

— Oui. Viens en fait !

Tancrède commençait à s'impatienter.

— Et jamais, ils ne laisseront ceux-ci pour des chevaux de poste. N'est-il pas vrai là encore ?

— Oui c'est vrai, tu ne veux quand même pas en occire un ? Pour nous autres soldats, c'est bien plus qu'une monture, c'est un ami, une arme. Sais-tu que les Templiers préféraient mourir de faim que de tuer leur destrier ?

— Il est certain que je ne vois pas Hugues partir sans son cheval ou pire encore ! Il nous suffit d'en faire boiter un ou deux, d'arranger quelques fers, morses, longes, que sais-je, afin de ne cheminer que demain à laudes mais pas avant !

Tancrède sourit et se dit que la malice de son ami leur était précieuse. Il avait le pressentiment que ce ne sera pas l'unique fois où elle leur serait utile.

— Bien finassé, compain, il ne reste plus qu'à ! Mire par là, voilà Armand et Hugues, nous allons tout de suite savoir à quoi nous en tenir !

Effectivement, les deux casaques dévalaient les quelques marches de l'entrée du bâtiment et avançaient vers eux à pas de géants, l'air sombre. Les deux amis se figèrent en attendant l'annonce. Ils en étaient livides. Ce fut Armand bien entendu, qui parla :

— Nous rentrons à Paris demain matin avant les premières lueurs du jour. Préparez les montures mais ne touchez pas à celle d'Hugues. Enfin, si j'étais vous, je ne le ferai pas ! Et tout doit être prêt : des vivres pour la première journée de voyage que nous ferons au grand galop, mes gaillards, donc préparez vos fessards !

Les deux soldats explosèrent de rire, même le Templier. Nicolas, leva le poing en mimant un courroux.

— Merci Armand de nous rappeler notre position à chaque fois !

Et Tancrède d'enchérir car celui-ci commençait à sérieusement le cuire :

— Patience, mousquetaire, la guerre viendra et sur le champ de bataille, devant la canonnade et l'arquebusade, nous sommes tous égaux, n'est-ce pas ?

La moustache du Gascon s'était assombrie, son propriétaire un peu piqué par la remarque.

— Certes ! Pour l'instant profitez de la pisse à boire des palefreniers, divertissez-vous, allez même trouver une ribaude mais que tout soit prêt comme dit !

Les deux fanfarons s'éloignèrent, tandis que Tancrède pensait « ribaude » ? Si tu savais malheureux cuistre que je m'en vais retrouver une femme plus belle que tu n'en verras jamais !

Une fois seuls, ils se laissèrent presque tomber sur la paille à côté des box. Nicolas avait trouvé une cruche de vin qui traînait et la but presque d'une traite. Ils étaient soulagés, ils n'auraient pas à mettre en œuvre leur stratagème.

Le vin lui dégoulinant sur le menton et un large sourire aux lèvres, ce dernier soupira :

— Merci mon Dieu, cela est si parfait !

— Comme tu dis compain ; mais hâtons-nous de tout préparer car cette nuit, nous sommes de sortie !

En La Rochelle toujours
et de nuit

La rue de la Harpe était située entre la Porte Neuve et le port. Elle était sombre à cette heure du soir et seules les lumières d'une auberge éclairaient les deux jeunes hommes, qui avançaient en silence. Ils arrivèrent devant la petite maison de ville rouge, citée dans l'épistole. Cela ne pouvait être qu'ici, c'était la seule de cette couleur de toute la ruelle. Une charmante masure mansardée dont la porte en bois épais portait un poing de métal afin de toquer. Ils se regardèrent l'un l'autre, comme pour voir s'ils étaient bien présentables. En effet, seuls pourpoints de cuir, braies, bottes de route, cape de voyage composaient leur bagage et ils s'étaient efforcés de les épousseter au mieux avant leur départ. Sur un commun assentiment, Tancrède, à qui le mot était adressé, frappa à l'huis selon la consigne. Ils ôtèrent leur chapeau et patientèrent. Tous les volets étaient clos, mais ils aperçurent une lueur se rapprocher à l'intérieur. Leur cœur battait à tout rompre. Un craquement, un autre plus intense, un cliquetis de serrure, la porte s'ouvrit. Une svelte dame blonde, toute de noir vêtue, un loup noir masquant ses yeux bleus apparut, une chandelle à la main et un sourire aux lèvres, qu'elle avait fort pulpeuses.

C'était celle dont Nicolas s'était amouraché et il ne peut retenir un :

— Ma mie ! qu'elle tut aussitôt par un « Chut » souriant, son doigt délicat devant la bouche puis elle poursuivit tout bas :

— Entrez donc, Messieurs, et soyez silencieux je vous prie !

Ils pénétrèrent donc et le ventail se referma derrière eux.

Nicolas était au bord de l'apoplexie tant il était heureux. Quant à Tancrède, cela était pareil au niveau du cœur, mais plus dû au fait ne pas encore avoir vu cette ombre, cette brise si enivrante. Ils pénétrèrent dans un petit salon, assez coquettement décoré, qui tranchait avec la rusticité du bâtiment et de tout le quartier aussi, sans nul doute. Elle leur présenta deux fauteuils installés devant deux autres, et une table se trouvait à côté. Sur celle-ci, des cruches de vin, des plats en argent garnis de raisins et autres douceurs.

— Asseyez-vous, Messieurs, et servez-vous donc. Je me nomme Oriabel, dit-elle, tout en dévorant du regard celui sur lequel elle avait jeté ses dévolus. Je vais chercher ma maîtresse et reviens.

— Nous vous rengracions Oriabel, dit Tancrède posément tandis que son comparse souriait, sans qu'aucun son ne pût sortir de sa bouche.

La demoiselle disparut derrière une des deux portes qui, avec un escalier étroit et le portail principal, constituaient les sorties de cette pièce. L'œil de soldat de

Tancrède avait déjà analysé l'environnement, en cas d'ennui.

— Et si c'était un piège, dit-il tout bas.

— Profite ami et aucune raison ! Rappelle-toi que nous ne sommes rien ou plutôt personne ! Te prendrais-tu pour quelque marquis ou duc, maintenant que nous savons que ton aimée est suffisamment dame pour avoir une servante ?

Et il étouffa un rire gras tout en se servant un hanap d'un vin rouge sang.

— Je te gausse mon compain, elle va arriver et tout va s'éclaircir tu verras !

Il espérait que ce fut vrai et ne pouvait s'empêcher de garde une certaine défiance.

De nouveaux échos se firent entendre, les jeunes hommes se mirent debout, le chapeau à la main et la même porte s'ouvrit à nouveau, laissant entrer Oriabel, bougie à la main, suivie par le magnétique fantôme de Tancrède. L'amoureux faillit s'écrouler tant cette vision le fit chavirer de nouveau. Qu'elle était belle, fascinante, mystérieuse, il n'avait jamais ressenti cela auparavant. Il avait déjà été amoureux, bien sûr, mais pas au premier regard, pas d'un instinct si fort, bousculant tout sur son passage. Elle portait le même vêtement sombre, sobre, mais il lui sembla d'une soie extrêmement délicate. Le corset qu'elle avait en dessous ainsi que l'absence de fraise blanche laissait entrapercevoir une gorge, d'une volupté sans pareille ! Son loup noir, faisait ressortir l'émeraude de ses yeux, qui illuminaient la pièce tout entière. Il en fut tout ébloui. Ses longs cheveux étaient en fait d'un mélange de brun et de cendre, bouclés à l'anglaise. Elle vint se placer proche du siège faisant face à Tancrède, tandis que sa suivante fit de même à côté.

— Je suis Anne, dit-elle. Simplement Anne pour vous, et voici Oriabel.

La jeune femme fit une simple révérence, imitée par les deux hommes. Celle qui s'était présentée était effectivement une grande dame. Elle n'avait, elle, pas bougé d'un pouce et poursuivit :

— Asseyez-vous, Monsieur, dit-elle regardant Nicolas. Vous, suivez-moi !

Tancrède n'en croyait pas ses oreilles et cachant au mieux son étonnement, suivit cette ombre noire, qui ouvrit une des portes et rentra, suivie de près par notre jeune damoiseau. Ils pénétrèrent dans ce qui faisait penser à un boudoir mais qui était en fait une antichambre. Elle lui tendit d'une main un godet en argent rempli d'un vin rouge sombre et de l'autre, l'invita à s'asseoir d'un côté du lit de repos en soie noire et jaune qui trônait presque dans cette alcôve. Celui-ci prit alors la parole. C'était à lui, l'homme, le sauveur de la veille, aussi noble et grande fut la dame, que revenaient ce devoir mais aussi ce privilège.

— Permettez-moi d'abord de me présenter, Madame, car vous n'avez ouï de moi que quelques bruits, dus aux coups que j'administrais sur la hure de ces coquins hier. Je me nomme Tancrède de Montvallon. Je suis soldat du roi au Régiment de Berry et suis venu avec mon compain qui est à côté, pour affaire importante. Mes hommages Madame.

Et il fit une révérence si basse qu'on aurait cru les courtisans au Louvre devant le Roi. Il avait aussi essayé par cette présentation, de se grandir un peu.

Anne, elle, avait l'habitude de cacher ses émotions. Elle avait été accoutumée dès sa plus prime enfance, à côtoyer des personnes importantes, à prendre des décisions ou même à faire l'hypocrite. Bien que huguenote, n'étant pas à la cour de ce Paris puant et catholique, elle n'en restait pas moins une Parthenay, ainsi qu'une Rohan. Son attitude avec ce beau cavalier était la même que dans tous les compartiments de sa vie, rien ne transparaissait ! La politique coulait dans ses veines ! Mais à cet instant, cela bouillonnait à l'intérieur. Elle sentait ses mains moites, son corset la serrait, la gênait. Et qu'il était beau ! Elle n'avait que rarement si ce n'était jamais vu cela ! Ses longs cheveux blonds, un peu cendrés par la poussière, sa fine moustache cavalière, ses lèvres pulpeuses, ses yeux d'un bleu plus sombre qu'elle, la faisait chavirer. Il avait les traits si fins, presque féminins, son corps était svelte, fin mais à la fois puissant. En effet, son poitrail était gonflé sous son pourpoint et ses bras moulaient sa chemise, laissant deviner des muscles seyants.

— Je vous regracie pour votre aide de ce tantôt, Monsieur. Vous nous avez sauvé la vie ma suivante et moi.

Tancrède s'inclina. Puis elle reprit :

— Vous devez vous demander pourquoi tant de prudence et de mystère. Je ne peux être vue. Encore moins avec un homme. Parce que je suis qui je suis, cela est ainsi, voilà tout.

Tancrède s'inclina de nouveau. Il commença alors à la complimenter sur sa beauté, sa grâce mais elle n'était pas là pour converser, elle brûlait de désir et n'avait pas de temps à perdre. Si sa mère ou pire venait à apprendre cela, leur image en prendrait un coup et leur réputation serait vraiment malmenée. Elle était pressée, comme pour tout sauf peut-être pour la poésie. D'ailleurs, il lui donnait envie de récrire des vers mais elle verrait cela plus tard. Instinctivement, subrepticement, elle se jeta au cou de ce damoiseau qui la consumait de désir. Elle voulait sentir son odeur, ses lèvres, ce qu'elle fit en l'embrassant avec une fougue de jouvencelle.

Il mit ses mains sur ses joues et repris, lui, les devants en la baisant avec encore plus d'ardeur mais aussi de volupté. Anne sentait des frissons sur tout son corps, de la racine des cheveux aux orteils.

— Vous m'avez envoûtée ! Que vous êtes belle !

Tancrède avait un peu reculé son visage et mis désormais ses bras autour de sa taille. Elle sentait sa force douce. Il la fit basculer sur le dos, sur la soie du canapé, en embrassant sa gorge. Sa respiration s'accélérait, des petits bruiements de désir sortaient sans qu'elle ne s'en rende compte. La bouche de l'amoureux descendait vers sa poitrine tandis que ses mains cherchaient les lacets du corset. Elle se laissait totalement aller, voulait qu'il la possède ! La grande dame ne se rendit même pas compte, quelques tout petits instants plus tard, qu'elle était entièrement nue et qu'il était encore plus descendu. L'extase la gagna vite et elle ne put alors retenir de véritables gémissements, presque libérateurs. Elle avait l'impression de n'avoir jamais connu cela avant, c'était tout simplement le paradis. Il la laissa souffler, profiter un peu de cet instant de bonheur et elle le vit se dénuder, debout dans la pénombre. On aurait cru la réincarnation d'Apollon, une statue antique tellement son corps était beau. Si musclé et mince à la fois, Raphaël lui-même n'aurait pas fait mieux et là c'était la réalité ! Il s'allongea sur elle et les amoureux furent embarqués dans un tourbillon d'amour, de jouissances, ne faisant qu'un. Anne était parmi les anges ! Ils finirent cette parade chevaleresque et romantique en se soufflant dans le cou l'un l'autre, enlacés, comme de vrais amants ! La poétesse le savait, en reprenant sa respiration haletante, elle l'aimait ! Tancrède ventilait comme s'il avait bataillé des heures et lui aussi le savait, il l'aimait, qu'est-ce qu'il l'aimait ! Qu'allait-il se passer maintenant ? Tous deux s'étaient redressés. Elle cachait sa poitrine avec la robe ramassée au sol, reprenant ses esprits et son sérieux habituel tandis que le jeune homme voulait rêver encore un peu. Cet amour était impossible, impensable, inimaginable même mais si réel !

— Anne, cela était le plus beau jour de ma vie, dit-il en se jetant à son cou.

Elle tenta de se dégager mais fut encore embarquée dans le tourment qui la gagnait lorsqu'il était proche d'elle, lorsqu'il la touchait. Il lui faisait perdre la tête.

— Il ne faut plus Tancrède ! Oh arrêtez, dit-elle en réfrénant des halètements de bonheur.

Ils furent interrompus et se figèrent tous deux lorsque l'on toqua doucement à la petite porte, trois coups.

— Madame ? entendit-on d'une voix de femme, celle d'Oriabel.

— Oui ? dit l'intéressée, en reprenant son air de Parthenay Rohan.

— Il nous faut y aller, Madame !

— Je serai prête dans quelques instants !

— Bien Madame.

Puis à voix basse, elle glissa à celui qui était encore nu à ses côtés :

— Et vous, tournez-vous, puis revêtissez-vous. On ne doit pas nous voir et je ne sais quelle heure avancée il peut bien être !

Le damoiseau s'exécuta en se pressant, ne voulant pas froisser son aimée. Il lui demanda avec angoisse :

— Comment vous reverrai-je, Madame ? Nous partons à laudes ! Quand vous reverrai-je ? dit-il avec un mélange de tristesse, rage et découragement.

Elle mettait une même hâte à se rhabiller :

— Je vous dirai comment m'écrire ! Aidez-moi pour mon corset, je vous prie.

Il se retourna et vit ce dos dont il était tant fou, qu'il avait envie de toucher, caresser mais il se concentra sur sa tâche. Un silence se fit, alors qu'il la lassait. Comme si tous deux, par ce seul partage, repartaient dans leur extase. Une fois les tourtereaux prêts, elle se leva et se dirigea vers la sortie en lui faisant signe de la suivre, ce que le pauvre fit. Son cœur allait se briser. Il allait la quitter ! Mais, lui écrire, c'était presque la voir, non ? Oui, tu la reverras ! Un semblant de sourire et d'espoir réapparut sur son visage.

Dans la pièce voisine, l'autre couple les attendait. Ils s'embrassaient avec fougue mais la suivante, ébouriffée, se mit à distance en une fraction de seconde lorsqu'elle vit sa maîtresse.

— Me voici, allons-y ! Dis au revoir à ces Messieurs.

Elle se tourna alors vers Tancrède et le mira droit dans les yeux. Il lui saisit les mains. Ce regard de velours, si suave. Elle n'avait plus son loup depuis longtemps mais il ne put qu'à cet instant admirer ses traits, sa bouche, son nez. Pour lui, tous ceux-ci étaient si parfaits !

— Ma mie, mon cœur meurt à l'idée de vous dire adieu mais je jure sur mon épée que je vous reverrai, même si pour cela je dois aller jusqu'aux portes de l'enfer !

Elle lui sourit, dégagea sa main dextre et lui caressa la joue :

— Rassure-toi, tu me reverras et tu pourras écrire.

— Comment donc ? Je ne sais même pas qui vous êtes, comment pourrais-je savoir où vous écrire ? Ah, je suis fini, je suis perdu !

Elle sourit de nouveau, fit quelques pas et tira sur une corde, non loin du rideau en velours de la fenêtre principale. Moins de deux secondes passèrent et un bruit se fit entendre. Un mur s'ouvrit, révélant donc une porte secrète. Les deux amis, ayant remis leur baudrier, portèrent leur main à l'épée, avec un tressaillement, qui tenait plus de l'habitude militaire et de stupeur que de malepeur.

— Rassurez-vous, Messieurs, lui, vous permettra de m'écrire !

Elle regardait Tancrède disant cela, une moue rassurante sur son visage si séculier.

En effet, un homme fit son apparition, en s'inclinant devant la Rohan et sans mot dire.

— Voici Gualterio, il est Florentin et m'est dévoué. Il sera à Paris pour affaires quelque temps et va d'ailleurs partir cette nuitée. Je vous rassure, il vous trouvera !

Les deux jeunes hommes se regardèrent interloqués. Il était vrai que son allure était particulière. Les cheveux noirs, longs, un couvre-chef à larges bords, le vêtement noir, des heuses à la cape, une rapière à coque espagnole à son côté senestre, mais c'était sa hure qui était la plus inquiétante. Aucune expression ou mouvement de traits, le teint blafard comme la mort. Lorsqu'il releva la tête, apparut une grande balafre qui lui déchirait la joue dextre, de haut en bas. Vision d'horreur mais si commune pour des gens de guerre. L'œil était blanc, crevé par cette entaille qui l'avait marqué dans sa chair. Il n'avait même pas de bandeau comme on pouvait en voir, afin de dissimuler ce dernier. Une vraie goule de damné ! En plus, il ne dit pas un seul mot, se contentant de fixer les damoiseaux froidement. Il tourna son regard sur Anne, puis s'inclina et sortit en un éclair. Nos deux damoiseaux étaient stupéfaits et les deux dames souriaient !

— Que cela veut-il dire ma mie ? Cet Italien va-t-il vous servir d'espie ? Je ne supporterai que l'on surveille mes faits et gestes, même si c'est pour vous revoir ! Je l'empalerai à la première occasion, même s'il est à votre service et que je vous aime !

Tancrède avait osé, son tempérament mêlé à son orgueil de noble, le tout parsemé d'habitudes soldatesques, avait parlé. Il fut immédiatement imité par son compain dont un feu souvent écarlate brûlait la raison, comme le lecteur l'avait déjà expérimenté. À son tour, il grommela :

— Merdaille, ah ça, il n'en est point question !

Et s'adressant directement aux deux femmes, surtout la noble :

— Vous semblez oublier que nous sommes au service de Sa Majesté, que nos affaires sont des plus strictement confidentielles et que pour raison de sauvegarde de l'État, nous serons obligés de le passer par le fil de l'épée avant qu'il ne livre quelque information ou ne monte quelque cabale !

La jeune Oriabel s'était rapprochée de lui et se colla à son poitrail. Même, elle ne revenait pas de la liberté dont elle faisait preuve devant sa maîtresse. D'un autre côté, elle avait agi de la manière la plus naturelle possible. Elle avait aussi découvert une autre Anne, bien loin de l'image qu'elle en avait et que tout le monde semblait avoir d'elle, à savoir une duchesse huguenote, sévère, taciturne mais qui faisait de la poésie. La petite avait de la suite dans les idées et se dit en elle-même qu'elle pourrait ressortir ces événements à l'occasion, en cas de coup dur. Cela pourrait lui être bien utile, car sa loyauté n'avait de supérieure que son ambition. Anne caressa la joue du sien :

— Rassure-toi jeune fou, il ne vous trouvera que pour vous porter message. Il a, lui aussi, d'autres affaires à régler. Ne va pas te faire occire à la guerre ou dans une querelle !

— Je serai prudent ma mie, je vous le jure et je guetterai le florentin à un œil.

Tancrède avait dit cela avec un air de pucelle, ce qui, conjugué avec l'expression employée, fit éclater de rire tout le monde.

— Il nous faut tous partir maintenant. Messieurs, vous sortirez les premiers et prendrez à dextre. Quant à nous Oriabel, nous irons par senestre. Dites adieu au chevalier !

Puis se tournant de nouveau vers Tancrède qui était déconfit, mais serrait la mâchoire pour ne rien laisser paraître :

— Nous nous reverrons car je t'aime !

— Je vous aime pour l'éternité ma mie, ma déesse, mon amour. Adieu !

Oriabel, qui avait longuement étreint Nicolas ouvrit la porte. Les deux copains mirent leur chapeau et filèrent telles des ombres dans la nuit. Un peu plus tard, les dames sortirent aussi et chacun revint vite à son devoir. Cependant, quelque chose avait changé en chacun.

Deuxième Partie.

Devant La Rochelle

Tancrède sauta sur son ami et lui aplatit la tête avec les mains afin que tout son corps soit abaissé. Une demi-seconde plus tard, il sentit le boulet raser leurs cheveux et venir s'écraser juste derrière eux. La hure dans la boue de la tranchée, ils furent plaqués au sol par le souffle, recevant par la même occasion un déluge de poussière, pierre, morceaux de bois qui leur écorchèrent le corps. La terre leur rentrait dans la bouche et dans les yeux. Lorsqu'ils purent enfin se relever quelque peu, ils se regardèrent comme pour savoir s'ils étaient bien en un seul morceau.

— Reste baissé, Dieu seul sait quand la canonnade cessera !

— Peste de ces hérétiques ! répondit Nicolas en crachant un amas de tout ce qui lui avait sauté à la goule !

— Heureusement pas tous, ou plutôt toutes, n'est-il pas ?

Restant à moitié accroupis, ils échangèrent un sourire complice, interrompu par de nouveaux bruits d'artillerie, qui les obligèrent à se courber de nouveau. Heureusement pour eux, c'était tombé loin !

L'on était le 15 du mois de septembre de l'année 1627, à savoir cinq jours après le début du siège de la ville de La Rochelle et donc de l'épisode terrifiant des caponnières, vécu par nos protagonistes. Cela avait été un joli baptême du feu mais ils en étaient sortis encore plus soldats que jamais. Tout poussiéreux, les vêtements en lambeaux, on aurait presque pu les prendre pour des vétérans, des Tercios espagnols. Ces combattants ibériques étaient célèbres pour le courage au combat, leur familiarité avec les missions les plus périlleuses et au fait qu'ils ne se rendaient jamais. Le régiment des deux compères était positionné à l'ouest de la ville, proche du Fort Louis. Ils avaient pilonné les murailles depuis des jours, avaient creusé des sapes mais tout avait été pour le moment infructueux. La ville était si solidement bâtie et conçue. Les fortifications avaient été pensées par l'assiégeant lui-même. Tout avait été fait pour qu'elle soit imprenable et pour le moment La Rochelle l'hérétique n'avait pas une égratignure ou presque. Son éminence était passée à un autre plan, qui serait forcément gagnant car il s'agissait de les affamer. Tôt ou tard, la faim les rendrait fous. Ils capituleraient ou il y aurait trahison mais on ne peut lutter contre cela !

Le Cardinal était aussi conscient que le Duc de Buckingham ou un autre soutien protestant pourraient venir les réapprovisionner, par l'intermédiaire des îles de Ré et Oléron. Le camp royal avait payé un lourd tribut pour repousser les goddons. Toiras, qui dirigeait les opérations avait perdu moult hommes. Le grand ministre avait donc eu l'ingénieuse idée de faire bâtir par son armée, une immense digue, qui barrerait entièrement l'entrée du port et couperait littéralement la baie, rendant la ville inaccessible par la mer. Côté terre, tout était déjà parfaitement en place. Des tranchées fortement pourvues en fantassins entouraient entièrement la ville. Les cavaliers et corps des mousquetaires étaient, bien entendu, aussi présents. L'armée royale ou plutôt devrions-nous dire, ministérielle était tout bonnement inattaquable. Les Rochelais répondaient à coups de canon, passant souvent loin de leurs cibles mais certains venaient déchiqueter quelques hommes, en atteignant un tref ou venant lacérer les boyaux sous-terrains creusés.

C'est dans ce contexte que nos jeunes amis se furent assignés une nouvelle tâche, tout aussi ingrate que les précédentes mais qui les sortaient de ces tranchées que Tancrède avait en horreur, voire en phobie depuis l'épisode de la sape et du gaz. Il s'agissait d'aider à la construction de la digue. Moins dangereux me direz-vous, mais que nenni. Ce fut le mousquetaire Armand de Bussac qui plongea dans le fossé pour leur annoncer la bonne nouvelle de vive voix et avec le sourire en plus. Son attitude avait changé, comme s'il n'était plus tant leur ami que cela, comme s'il était satisfait qu'un nouveau péril mortel guette les deux jouvenceaux.

— Allons les gars, ne faites pas cette goule ! Vous vous en êtes fort bien tirés jusque meshuy et sachez que Toiras en personne vous a remarqué lors de votre apertise dans la sape. Qui sait peut-être vous remettra-t-il médaille si vous faites preuve de bravoure et si vous n'êtes pas occis bien sûr.

Et il pouffa de rire puis poursuivit, l'air plus grave :

— Tancrède, on dit que tu as procédé au premier égorgement d'un Rochelais, cela se sait. Gare à toi là, où on t'envoie, que tu ne sois pas le premier d'entre nous à périr par l'épée ou le coutelas !

Était-ce une mise en garde ou une raillerie ?

Notre jeune blondin poussiéreux commençait à voir rouge et mettant la main dextre sur la poignée de sa rapière, il lui lança :

– Que t'arrive-t-il donc, hure de pet, depuis que nous sommes rentrés de La Rochelle ? Je pensais que nous étions compains ? Si nous ne le sommes plus, soit ! Mais à mon tour de te conseiller la prudence, noble âme n'aime point trahison !

Un nouveau boulet frappa à bonne distance et nos amis baissèrent la tête comme par réflexe.

Le Gascon était resté de marbre et allait parler, mais Nicolas l'avait saisi au col de sa tunique, avec son emportement habituel mais pas toujours néfaste :

— Va te faire encaguer, Armand de mes deux couillons, et je vais te refaire la goule !

Il se jeta sur lui mais fut retenu par Tancrède qui s'était calmé alors que le mousquetaire commençait à sortir sa lame et qui envoya :

— Patience compain, nous n'avons vu de lui que sa casaque mais jamais croisé le fer ! Il se fera peut-être ouvrir la gorge prestement par la première pucelle huguenote !

Au lieu de leur sauter dessus, il rengaina son épée, afficha un sourire moqueur, content de lui :

— Ce n'est pas moi qui pactise avec l'ennemi !

— Que racontes-tu, cornard ?

Nicolas n'avait pas décoléré.

— Je vous ai vu ou plutôt Hugues vous a vu sortir la nuit, en douce, lorsque nous étions ici il y a quelques mois ! Avez-vous trahi le Roi ? Si c'est le cas et comme vous n'avez rien de grand, vous serez tourmentés puis écartelés devant ces mêmes murailles !

Son sourire s'aiguisa encore et il continua :

— Ah oui et si vous avez amoureuse en ces murs, j'espère que vous leur avez dit adieu car nul ne sortira vivant !

Merdaille, Tancrède ne s'attendait pas à prendre ce trait ! Jusqu'à quel point avaient-ils été vus ? Nicolas devenait rouge, cette fois-ci plus de honte que de courroux. Il fallait parler car le fougueux dirait une sornette. Il prit donc les devants :

— Que ne peut-on point aller se rester d'un long randon ? Es-tu un espie ? As-tu peur de nous ? Ou bien simplement n'aimes-tu ni les tavernes ni les ribaudes et préfères-tu la compagnie des hommes dans ta tente !

Il avait tiré à boulet rouge, Nicolas explosait de rire ! Jouissif ! Les choses allaient dégénérer mais un petit groupe d'hommes fit son apparition.

Tudieu ! Le maréchal de France, Henri de Schomberg en personne les menait. Le grand commandant de toute l'armée de France. Que venait-il vers eux ? Où donc était leur chef à eux, du Régiment de Champagne, Jean de Toiras ? Qu'est-ce qu'il faisait là ? Était-ce un hasard ? Venait-il donner des ordres ? Ou pire encore ! Merdaille ! Il arriva donc, en tenue de guerre, avec plastron, cuirasse, cubitières, jambières mais sans bassinet. Il était en guerre, pas à la bataille. Deux fantassins le suivaient.

Il s'arrêta à quelques toises des trois hommes qui allaient presque en venir aux mains mais à sa vue, ils s'arrêtèrent, ôtèrent leur chapeau et saluèrent. Il avait un visage de marbre, ils s'attendaient au pire. Quelques secondes passèrent, Tancrède, Nicolas et même Armand étaient proches de faire dans leurs braies ! Le commandant fit apparaître un large sourire sur sa hure de guerrier :

— Alors mes gars, ça a bardé là-dessous ? Ah ces trous à rats, ça ne me rappelle pas de bonnes remembrances ! Corps à corps à ce que j'ai ouï ? On a dû sortir sa lame ?

Nos deux damoiseaux n'en croyaient ni leurs yeux ni leurs oreilles. Le maréchal de France leur avait directement parlé et il savait ce qu'ils avaient fait. Incroyable ! Après s'être échangé un regard de surprise, Nicolas prit les devants et la parole :

— Oui Messire ! Mon camarade Tancrède de Montvallon que voici, a égorgé un hérétique. Ils creusent aussi. Je pense pour mieux détruire nos galeries.

Le capitaine tourna les yeux vers celui qui avait été cité :

— C'est bien mon garçon, c'est un symbole qui galvanise le moral de l'ost. Tous veulent s'en occire un !

Hahaha, rire imité par Armand. Quel lèche talons ! Alors qu'il doit bouillir. Il sortit tout fier :

— Ce sera bientôt le cas, Messire, tous jusqu'au dernier s'il le faut !

— Modérez votre emballement, Monsieur le mousquetaire, ils vendront cher leur peau !

Tancrède bouillonnait contre le Gascon. Qu'en sait-il celui-là ? À part ouvrir sa grande goule ou bomber le poitrail, on ne l'a jamais vu se battre une traître fois ! Notre blondin se permit :

— Messire, ils nous l'ont déjà fait savoir. Il en a manqué de peu pour que Nicolas Bracieux, ici présent, ne périsse étouffé par le soufre qu'ils nous ont lancé après l'escarmouche dans les boyaux. Les tourments de ce gaz démoniaque sont épouvantables.

— J'ai connu ça, mon gars ! Moche ! Bref, vous connaissez le projet du Cardinal ?

— La digue ! répondirent les trois hommes à l'unisson.

— Et oui mes gars, la digue. C'est, comme vous avez dû le comprendre, capital ! Personne ne pourra ravitailler ces hérétiques, qui se rendront lorsqu'ils n'auront plus que leurs morts à manger.

Nicolas osa :

— L'ouvrage va être ardu, Messire, comment va-t-on faire ? Qui conçoit et mène le projet ?

— Bonne question soldat ! répondit le général. L'idée en a été proposée à son Éminence par, l'architecte du roi Clément Métezeau et un entrepreneur de maçonnerie nommé Jean Thiriot. Le principe est de fermer le chenal, qui fait environ mille six cents mètres, par une digue perpendiculaire de mille quatre cents mètres, ouverte en son milieu, et défendue par de nombreux navires. Elle sera large de huit toises à la base (seize mètres) et de quatre toises (huit mètres) en son sommet. Elle sera grande de dix toises et armée de canons pointés vers le large ! Nous avons grassement payé les ouvriers creusois qui viennent d'arriver, pour se mettre à l'ouvrage mais les soldats vont devoir les accompagner, car ils ne nous laisseront pas faire ! La digue sera faite en deux parties, l'une partant de la rive nord de la baie, l'autre de la rive sud. Elle sera donc ouverte au milieu pour le passage des marées avec un fort en ce centre.

— Prodigieux ! dit Tancrède admiratif d'un tel génie militaire. Cela va coûter cher aussi en vies humaines selon moi, Messire.

— Tu as raison, égorgeur de huguenot !

Ce qui fit rire toutes les personnes présentes mais un peu moins l'intéressé qui ne voyait rien de flatteur ni d'héroïque à ce qu'il avait fait, à savoir sauver sa peau.

— C'est le prix de la guerre et le Roi a besoin de cette ville coûte que coûte, m'entendez-vous ?

— Oui Messire, répondirent-ils tous trois en chœur.

— Soldat, rejoignez votre régiment, cela va bouger ! Et vous mousquetaire, rejoignez votre corps où on vous attend.

Il tourna les talons pour s'en aller mais s'arrêta :

— Au fait, pas de querelle interne dans mon armée c'est compris ? Je vous mirais et il semblait y avoir empoignade. Si cela se reproduit, les caponnières vous attendent ! Au mieux !

Et sur ce il s'éloigna pour de bon, ayant plus important à faire.

Les trois hommes ne dirent rien, serrant les dents, jusqu'à ce que le maréchal se soit réellement éloigné.

Aucun d'eux ne semblait décolérer. Tancrède frisait sa moustache frénétiquement pendant que les dents de Nicolas grinçaient de rage. Et si ce Gascon de malheur savait quelque chose se disait notre blond jouvenceau, qui allait finir par s'arracher tous les poils du menton ? Son aimée serait en danger et ça, il ne pouvait l'imaginer. Il lui lança :

— Avant que nous allions tous au feu, dis-nous pourquoi tu nous en veux, ou as-tu changé d'opinion nous concernant ?

L'intéressé était rouge de rage et répondit :

— Je ne peux pas encore le prouver mais je pense que vous pactisez avec l'ennemi ! J'en crois ce qu'Hugues m'a conté comme je vous l'ai déjà dit ! Vos deux sorties à La Rochelle, vos airs, discussions secrètes ou joyeuses, sans omettre cet homme en noir à la goule balafrée et œil crevé qui apparaît quand vous êtes là, depuis notre retour de mission ici ! Je ne suis point sot mes gaillards. Que voudrait dire tout cela à part quelque cabale ?

Les deux amis se retinrent mais ils tremblèrent intérieurement. Ça n'était pas prévu ! Encore sur leurs sorties à La Rochelle, il était facile de s'en sortir, ils avaient d'ailleurs commencé à argumenter à ce sujet avant l'arrivée de Schomberg mais concernant l'Italien borgne, cela serait plus dur. Merdaille, quelle tourbe se dit Tancrède mais ne paniquons pas, nous ne savons pas à quel point il sait quelque chose. Hugues les avait vus et alors ? Il n'y avait rien eu à voir de compromettant !

— Que me parles-tu d'un homme comme cela dans mes accointances ? Je ne vois même pas de qui tu parles.

— Ça, j'en doute damoiseau !

Nicolas, qui avait compris la tactique de son compain, surenchérit :

— Haha, je crois que je vois à qui tu fais référence bougre d'idiot ! Ne vois-tu pas qui il est Tancrède ? On dirait qu'il sort de la cour des miracles. Une carogne que l'on croise de temps en temps vers le Temple, avec un œil crevé. Une vraie tête de mort et un larcineur sans aucun doute ! Nous prends-tu pour des détrousseurs de bourses, hure de pet ? Des routiers ? Là, tu nous insultes réellement, cornard, je vais te tailler la moustache et m'en vais te la mettre au potron, tu vas voir !

Son comparse en rajouta une couche :

— Quant à nos sorties, lorsque nous étions en cette cité, qu'aurais-tu fait à notre place ? Rester dans les écuries avec les palefreniers reniflant la merdasse ou se rester dans une taverne à boire et pincer les fesses de ribaudes ? Ah oui j'oubliais que tu préfères la compagnie de ton beau Templier. Il semble avoir fait vœu de silence mais point de sodomie, vous devez passer de folles nuitées ensemble ! Cela ne m'étonne guère que tu l'aies envoyé nous espier et il a dû grandement te manquer dans ta couche !

Nicolas explosa de rire, il en pissa même dans ses braies, relâchant la pression par la même occasion. Le mousquetaire leva le poing, il était furibond mais se contint et dit juste avant de s'en aller :

— C'est ça, riez, je trouverai ce que vous manigancez ! Vous serez écartelés en Place de Grève pour trahison, mais seulement si vous réchappez de là où on vous envoie !

— Surveille aussi tes arrières, grande goule, mais aie plutôt peur de la colère divine. Dieu n'aime ni les menteurs ni les traîtres !

Un dernier regard de haine fut échangé et ils partirent en sens opposé.

— On a eu chaud, se dirent nos deux jouvenceaux en rejoignant leur régiment.

— M'est avis que l'on va avoir encore plus chaud ce tantôt, grinça Tancrède entre ses dents.

•••

Nos amis rejoignirent donc leur garnison, pensant retourner en première ligne, mais il n'en fut rien. La guerre d'usure s'était enclenchée. Les murailles cerclant la cité étaient solides et tiendraient bon malgré la canonnade. L'armée du Cardinal était tout autour de La Rochelle la rebelle sur la terre et la construction de la digue avançait. Les heures devinrent des jours, qui devinrent des semaines. Tancrède et Nicolas tuaient le temps comme ils le pouvaient, cet embourbement ponctué de missions d'intendance, sans intérêt ni danger. Ils pensaient surtout à leurs belles, à les revoir. Ils guettaient sans arrêt, espérant voir leur Italien en noir et à l'œil crevé mais il n'en fut rien. Le temps leur paraissait interminable et ils n'avaient absolument aucune idée de la tournure que prenaient les évènements. En simples soldats, ils n'avaient eu vent de politique ou d'affaires extérieures aux leurs. Ils avaient loupé le plus important ces damoiseaux en amourachés ! Le Duc de Buckingham, Georges de Villiers était de retour sur l'île de Ré depuis le mois de juillet, donc deux mois avant leur participation souterraine au début du siège. Et qui en était le gouverneur ? Notre cher général Toiras. Il avait déjà mis à mal Benjamin de Rohan quelque temps auparavant, lors de la première invasion de Ré par les goddons puis celle d'ensuite. Bien entendu, il avait à cœur de les bouter à la mer une nouvelle fois.

En effet, Georges de Villiers avait débarqué exactement le 16 juillet. Il avait fait voile sur La Rochelle à la tête d'une centaine de navires et de neuf mille hommes. Ce petit monde avait pour plan de contrôler les abords de la cité et d'encourager les rebelles rochelais à résister plus activement. Ce Duc – favori d'Anne d'Autriche selon Dumas mais tout l'inverse selon l'Histoire – avait débarqué sur la plage de la Pointe de Sablanceaux, au nord-est de l'île. Toiras les avait chargés mais cela avait mal tourné comme il sera conté par la suite. Il était donc déjà là-bas lorsque nos compères et leur régiment avaient été amenés côté terre, sous l'olifant royal afin de tirer les premiers coups de canon en septembre. C'était d'ailleurs cette incursion anglaise qui avait décidé son Éminence à mettre le siège, pour mater les hérétiques, rochelais comme anglais.

Habitués aux constantes canonnades, mouvements de troupes, bataillons, contingents, tout comme à la multitude de navires circulant, coulant, à l'intérieur et par-delà la digue, qui avait maintenant bien pris forme, ils n'avaient donc aucune connaissance de ce qui se passait. Ils étaient mélancoliques, n'attendaient que l'apparition du borgne ou la remise d'un billet. Tancrède comme Nicolas y songeaient jour et nuit. Si seulement un peu d'action venait s'inviter dans cette morne et morose attente ! Revoir sa belle ou mourir au combat, voilà ce que se disait Tancrède en cette nuit ou plutôt petit matin du 17 octobre 1627.

Il se filait tellement les moustaches frénétiquement, qu'il ne comptait plus les poils restés dans ses mains. Son apparence, normalement si bien tenue, devenait quasiment celle qu'il avait eue en sortant du boyau souterrain. Son caractère était profondément humain, même gentil, avec quand même des valeurs fortes, aristocratiques, tel que l'honneur, le courage. Il n'était cependant bataillard que lorsqu'il le fallait, était diplomate, fidèle en amitié comme en amour. Il avait eu jusqu'alors du mal à se trouver, changeant un peu selon les circonstances. Il n'était ni suiveur ni commandeur. Il essayait d'être comme son père le lui avait enseigné, c'est-à-dire humble, mais pas modeste. Il était passionné, honnête, sincère, écoutant ses sentiments comme sa raison, c'était selon.

Nicolas, lui, était en apparence plus facile à cerner. La confiance en lui était acquise depuis longtemps et il n'était pas vraiment du genre à se remettre en question ou à repenser à des événements passés en ayant souhaité agir différemment. Il était comme il était, ni plus ni moins. Il aimait plaire, qu'on le remarque, plus coquet que son comparse, plus attaché aux signes extérieurs. Son nom sans particule avait dû le forger ainsi et devait être le point de départ de ce besoin. Ses passades de furie étaient un savant mélange entre rage et contrôle, comme notre lecteur l'a déjà constaté. C'était un combattant, sanguin, impulsif mais il n'avait pas l'âme à commander. Il était guidé par son instinct, ses pulsions, ses émotions, il n'y avait en lui pas de place pour mesure ou temporisation. Émotions veulent aussi dire sensibilité. Son amour si brusque, si fougueux, autant que celui de Tancrède pour sa dame, trahissait cela. Notre blondin, lui, eut pu être surnommé le « ni trop ni pas assez » s'il n'en eut déjà un autre depuis peu « l'égorgeur de huguenots ».

La passion du brun coquet fougueux pour la jeune chambrière n'était-il pas comme la rage, la colère qui sortaient de lui parfois et en faisant un démon ? Son ami se le demandait en cette aube naissante, emmitouflé dans sa cape qui lui faisait duvet, collé à son comparse dans la petite tente qu'ils avaient aménagée pour eux seuls, peu de temps auparavant. Ils ne pouvaient plus être parmi leurs semblables, dans les grands trefs collectifs. Depuis que la lassitude, la mélancolie les avaient pris, ils ne pouvaient plus supporter leurs railleries, grivoiseries, ivrognerie, bagarres mais aussi les hurlements des navrés et de ceux qui passaient de vie à trépas. Ils avaient besoin de busner, être entre eux, rien qu'entre eux car eux seuls pouvaient se comprendre. Les moqueries pleuvaient néanmoins, lorsque ces rustres soldats passaient devant leur campement. On entendait : « sodomites », « amoureux », ou autres délicatesses suivies de rires gras, tantôt d'humour tantôt de vraie haine.

Nul doute qu'Armand de Bussac, le mousquetaire dont nos amis ne connaissaient que la grande goule, sans jamais avoir vu la moindre réelle apertise ou même combat, ne manquerait pas de les railler encore davantage sil passait dans le coin. Pour notre blondin sentimental et notre brun ténébreux, il n'était qu'un couard et c'était eux, lui et le Templier, qui auraient dû se faire traiter de sodomites !

•••

La rêverie de notre ami s'arrêta net car le silence qui les entourait et dans lequel ils n'ouissaient que ronflements ou flatulences, fut interrompu par le grondement caractéristique d'un groupe de cavaliers arrivant au grand galop. Il réveilla Nicolas, qui semblait busner paisiblement à ses côtés, par un coup de coude dans le flanc gauche. L'intéressé se redressa d'un bond, ses instincts militaires, défensifs, se réveillant en même temps que lui-même. Les deux amis se regardèrent et se précipitèrent au-dehors, agrippant leur baudrier respectif au passage. Là encore, signe de mélancolie, les lames de leurs rapières et dagues de parage connues sous le nom de main gauche, n'avaient été ni nettoyées ni affilées depuis des semaines. Ils sortirent de leur tente, pressés de voir qui arrivait, qui leur amenait un peu d'action, d'amour même, peut-être, si le borgne était parmi la troupe, ou bien tout simplement de mort. Les trois leur allaient !

Une fois à l'extérieur, ne se parlant pas mais percevant l'adrénaline dans les yeux l'un de l'autre, ils s'aperçurent qu'ils étaient les seuls de leur régiment à avoir été tirés de leur sommeil par ce grondement de sabots. En effet, les grands trefs de couchage ne remuaient pas et d'eux ne sortaient que les bruiements de leurs semblables. Ils étaient toujours du côté ouest de la cité et effectivement, un groupe de cavaliers arrivait à grand fracas. Ils venaient de la côte, de la mer. Cette première déduction, que chacun avait faite en son for intérieur, rajouta encore un cran à la sensation que quelque chose les attendait.

Nos amis se moquaient de tout et avaient tout raté des événements, comme nous l'avons déjà conté à notre lecteur. Mais des bruits au sein des troupes circulaient et ils avaient fini par entendre. Ils savaient désormais que les goddons avaient débarqué sur l'île, menés par celui qui avait eu l'audace inouïe de penser faire cornard le Roi de France, le Duc de Buckingham. C'était donc sans doute cela qu'ils avaient vu du port de La Rochelle quelque temps auparavant.

Concernant le Duc, on le disait grand, élégant, rouquin à grande chevelure, précieux et revanchard. Un gueux de goddon faisant des manières et se croyant supérieur, voilà ce qu'ils s'étaient dit entre eux ! Ils n'en avaient que faire mais chaque ennemi, chaque contrariant, leur était devenu une cible sur laquelle décharger sa frustration, sa mélancolie et la changer en rage. Ils le haïssaient donc profondément. Tancrède et Nicolas savaient l'affaire et l'histoire du parvenu, Georges Villiers, petit gentilhomme anglais devenu favori tout puissant de Jacques, puis de Charles d'Angleterre, qui avait pris l'habitude de tout céder à son charme. Or, conduisant de façon hasardeuse la diplomatie anglaise, il avait échoué dans son ambassade à Paris. L'amitié entre les deux couronnes, malgré un mariage, avait rapidement tourné à l'aigre. Ce qui ne s'arrangea pas lorsque Buckingham, malgré sa séduction et sa hardiesse, ne parvint pas le moins du monde à conquérir la reine de France, Anne d'Autriche. Notre grand Dumas s'était donc montré plus que flatteur avec lui car la réalité en fut toute autre, comme le souvenir qu'il laissa et sa trace dans l'Histoire. La fin du bonhomme en est la preuve et l'apogée. Pour en revenir à sa vie, le roi Louis XIII s'opposa à ce qu'il revienne en France comme négociateur, n'en pouvant plus des fausses rumeurs qui le disaient cornard par lui. D'autant plus que cela était faux, la reine n'en pouvait plus de ce goddon vantard, qui pensait avoir ses faveurs. Le bougre ne manquait pas de culot !

Le Roi Louis le renvoya donc sur son île et à son départ, il jura qu'il reviendrait en France, mais cette fois, à la tête d'une armée. Buckingham avait donc mis ses plans à exécution.

Tancrède et son frère d'armes avaient ouï aussi que c'était leur chef, le grand Toiras qui, comme pour la dernière invasion avec Benjamin de Rohan, avait été choisi pour les repousser à la mer. Il l'avait fait avec brio et le referait sans nul doute avec le rouquin impétueux.

Lorsque tout leur camp avait entendu un messager, un soir, brièvement fait part de l'arrivée de l'ennemi quelques mois auparavant, personne n'avait dit mot, conscients de la chance qu'ils avaient de n'être que des assiégeants.

Leurs camarades qui défendaient l'île, avaient eux, combattu au corps à corps, y avaient perdu la vie. Des nobles avaient aussi été occis, dont le frère de Toiras en personne. Tudieu, avait pensé Tancrède, qu'il en fasse de la bouillie de ce huguenot ! Encore une raison de plus pour !

Peut-être que les cavaliers en approche allaient leur donner des nouvelles plus fraîches. Nos deux amis allaient vite le savoir. Ils pouvaient déjà distinguer les hommes, au nombre de quatre, soulevant des nuages de poussière sous les sabots de leur monture. Le bruit semblait avoir réveillé le camp cette fois-ci car toutes sortes de mouvements, grondements, se faisaient entendre et les premières têtes parurent. D'autres soldats, qui avaient dormi à même le sol, éparpillés, furent aussi tirés de leur léthargie plus ou moins avinée. Les hures qui apparaissaient, étaient éprouvées, couvertes de terre pour toutes, de croûtes de sang ou de vin pour la plupart. Elles étaient rouges comme la cape du Cardinal qui lui, occupait un tref d'un tout autre acabit. Les cavaliers approchaient, Tancrède arrivait à voir désormais les casaques, à la livrée royale fleurdelisée.

Celui en tête, avait l'air de l'être aussi en hiérarchie. La moustache cavalière brune, dense, couverte de poussière était devenue presque barbe complète. Trace d'un gentilhomme qui n'avait pas pu s'occuper de son apparence depuis longtemps. Le feutre sur sa tête, pareil ! Celui-ci devait avoir eu belle allure en son temps mais il était déformé, aplati et ne ressemblait plus à rien. Le reliquat de plume qui le parait, rendait à ce feu digne cavalier une allure ridicule. Mais nos deux amis, premiers à la limite du camp et progressivement entourés de leurs camarades, virent les pistolets dans les fontes de sa selle, des deux côtés. Le baudrier en bandoulière, tenant une rapière de combat à la coque espagnole, ronde, argentée, parachevait sa silhouette, celle d'un homme venant de la guerre. Ses acolytes étaient encore plus délabrés car ne devaient jamais avoir eu un jour l'allure ou statut de gentilhomme. Ce qui était sûr et qui était commun à tous : la fatigue. Ils étaient odés, transpirants, couverts de poussière. Leurs montures, elles aussi, étaient dans un triste état. Tancrède pouvait presque entendre leurs hennissements, si caractéristiques, signes de fatigue, de chaleur, de soif. Merdaille, mais ils vont les crever ! L'affaire devait être bougrement importante pour une telle cavale ! Ça y était, ils arrivaient devant le camp, dont tous les curieux s'étaient réunis en arc de cercle pour les recevoir.

Les chevaux furent arrêtés par coups de rênes brusques. On leur vit la gueule se déformer sous l'effet des mors rentrant dans leur mâchoire et qui provoqua un arrêt subi des pattes arrière, soulevant là encore, un nuage de poussière. Nicolas avait couru prendre des baquets d'eau pour les bêtes et non pour leurs cavaliers. Celui qui semblait être le chef de la troupe, mit pied à terre, imité par ses comparses. Il ôta ses gants et les tapa contre son pourpoint, époussetant les deux sur son habit, devenu presque guenille. Il dit juste :

« Du vin, pour mes hommes et moi ! »

Aucun des membres du Régiment de Champagne ne disait mot, se contentant d'entourer les cavaliers, comme s'ils étaient certains que quelque nouvelle importante arrivait avec eux. Une fois son souffle repris, l'homme parla enfin :

— Préparez-vous les gars ça va bouger, vous allez bouger ! En tout cas, autant que nous le pourrons ! Ça chauffe là-bas, et notre général a besoin de vous !

Murmure collectif dans les rangs, bruit courant interrogatif, regards interloqués. Personne ne savait de quoi ce soldat parlait.

— On est parqué ici depuis un bon mois, on ne sait pas ce qui se passe, raconte ! dit un vieux à la goule rougeaude, moustache blanche touffue et rapière géante, pendant à ses côtés, un vétéran sans nul doute !

Nicolas qui était au chevet des chevaux, agenouillé, tourna la tête vers eux et répliqua calmement :

— L'île de Ré, sans nul doute ! C'est là-bas que ça se bat ! Nos compains doivent se faire occire par les huguenots rochelais ou de cette petite île ou même de la grande, que sais-je ! J'enrage !

— Nous, on piétine comme des rats dans nos tranchées et camps, qui hument la merdasse à des lieux et on ne se bat pas ! Oh que non on ne se bat pas, parfois juste entre nous mais pas contre l'ennemi !

Nicolas, soudain regagné par sa fougue que l'on lui connaissait, avait joint le geste a la parole, en bondissant sur ses pieds, la hure rouge, les yeux en feu et la main senestre frénétiquement accrochée à la prise de sa dague de main gauche.

Des rumeurs s'étaient élevées dans l'assemblée. Sans doute une partie encore chauffée par le vin, d'autres qui partageaient sa pensée ou encore ceux qui ne voyaient là que du mouvement, des prémices d'agitation en ces temps morose. Mais la clameur grandissait. On voulait férir du huguenot, du goddon, peu importe mais on allait finir par crever d'ennui et dans la crotte de surcroît.

— Ne sois pas trop pressé compère ! Crois-moi, du combat, tu vas en avoir plus vite que tu ne le penses, dis l'émissaire, s'essuyant d'un revers de manche, l'épais vin qui dégoulinait sur sa moustache.

Un des autres cavaliers, qui n'avait dit mot jusqu'alors, trop occupé à reprendre son souffle, décoinça :

— Les gars, vous ne pouvez pas imaginer ce qu'il se passe là-bas !

Tout l'attroupement se figea, à part deux jeunots qui se mirent à rire bêtement, se prenant certainement pour des durs à cuire, sans peur. Mais ils n'avaient sans nul doute pas connu le combat, contrairement à tous ces vétérans ou soldats. Ils avaient tous vu dans les yeux du jeune messager qui venait de parler, la lueur si caractéristique de ceux qui ont été au feu. Ceux qui avaient vu ce qu'ils n'auraient jamais dû voir, fait ce qu'ils n'auraient jamais dû faire. Le vieux et rougeaud vétéran mit une claque derrière la tête d'un des cadets qui avait ricané. D'un air grave, il dit en regardant droit dans les yeux le pauvre émissaire, qui semblait avoir vu des fantômes ou le diable lui-même :

— Raconte mon gars !

Celui-ci s'apprêta à poursuivre, mais le chef de l'expédition coupa, se levant sur ses bottes explosées, les éperons plantés en terre à l'arrière tellement le bougre avait manqué défaillir.

— Nous devons d'abord porter message à vos supérieurs mais reviendrons ce soir vous conter la suite. Vous aurez besoin de connaître toute l'affaire car la plupart d'entre vous repartiront avec nous !

Les deux autres se levèrent et tous trois se dirigèrent vers un tref de commandement.

L'assemblée resta quiète, attendant leur sortie pour en savoir plus. Ils en avaient trop entendu ou pas assez. Les vétérans partirent fourbir leurs armes. Nos deux amis firent de même et un peu plus tard, à la nuit tombée, les cavaliers de l'apocalypse rejoignirent les troupes, qui n'attendaient que leur arrivée. Tous avaient supputé sur la situation. Les uns disaient que Toiras avait été déconfit, que Georges de Villiers avait conquis Saint-Martin de Ré. D'autres parlaient des Sables d'Olonnes mais on allait tout savoir. Les trois messagers réapparurent, s'assirent en acceptant les bocks de vin pissat qu'on leur passait. L'assemblée était chauffée comme la braise et le message principal, dont on ne connaissait toujours pas le nom, commença à raconter les faits, depuis le début.

En juillet, le *Triomphe* – navire de Buckingham – suivi d'une flotte de soixante bateaux comprenant de neuf à dix mille hommes, vint mouiller l'ancre à La Pallice. Après avoir tenté sans succès de rallier les Rochelais à sa cause, il comptait envahir Ré afin de dominer toute la côte. Dans l'île, le gouverneur Toiras avait deux cents cavaliers et environ deux mille hommes sous ses ordres. Buckingham avait fait débarquer ses troupes le 21 juillet à 15 heures. Toiras avait pris position avec un millier d'hommes derrière les dunes de Sablanceaux pour l'accueillir. La cavalerie, commandée par le baron de Chantal, père de Madame de Sévigné, chargea les goddons et se fit décimer par les canons, que le cornard de rouquin avait fait dissimuler dans les mêmes dunes. Un massacre ! Le baron de Chantal et un frère de Toiras avaient été occis au cours de ce premier assaut. L'infanterie française prit la suite, mais elle fut repoussée par les goddons qui étaient en nombre bien plus important. Une trêve extrêmement courtoise, que l'on aurait du mal à imaginer de nos jours, permit à chaque camp d'enterrer ses morts. Elle coûtera la victoire à Buckingham, car Toiras en profita pour se réfugier dans la citadelle de Saint-Martin. Ce n'est que le 25 juillet au matin que l'armée anglaise se remit en route et occupa Sainte-Marie, puis La Flotte et enfin arriva devant Saint-Martin le 27, sous une forte pluie d'orage.

Le reproche de n'avoir pas profité de son avantage sera fait à Buckingham, personnage assez curieux qui rendra hommage à Toiras à la fin du siège. Loyauté britannique ? Fin juillet, l'île était occupée en totalité, sauf la citadelle et le fort de La Prée. Dans la populace de l'île, des troubles ont lieu entre catholiques et protestants, certains catholiques terrorisés s'enfuient tel le prêtre d'Ars. Villiers prend la décision de désarmer tous les Rétais et de réquisitionner leurs barques.

La citadelle de Saint-Martin était inachevée, les provisions engrangées très insuffisantes et le petit fort de La Prée ne pouvaient résister à un assaut important : telle était la situation. Le siège débute le 28 juillet 1627 et durera jusqu'au 8 novembre. Il sera non seulement long, mais très éprouvant.

Encerclé par huit mille Anglais qui organisent le blocus sur terre et sur mer, Toiras a peu de chance de s'en sortir, mais il reste optimiste malgré la famine qui guette ses hommes ainsi que les femmes, enfants et vieillards qui les ont rejoints, rudement poussés vers la citadelle par Buckingham, pour accélérer la consommation des vivres. D'un côté, les goddons canonnent autant qu'ils le peuvent la citadelle. De l'autre, les assiégés renforcent ses structures aux endroits les plus fragiles. Les deux chefs d'armée tentent de s'endormir l'un l'autre à l'aide de cadeaux pour le moins inattendus. Buckingham adresse une douzaine de melons à Toiras qui, en retour, lui envoie bouteilles d'eau d'oranger et vases de poudre de Chypre !

Pendant ce temps, ce dernier délègue trois émissaires au Roi qui rejoignirent le continent à la nage. Le premier fut noyé par un violent courant, le deuxième repêché par un bateau adverse qui récupéra le document qu'il transportait. Le troisième, Pierre Lanier, atteint par miracle le continent et réussit à faire passer le message de Toiras à Louis XIII, qui prend la décision d'envoyer du secours aux assiégés. Un convoi de barques livra dans la nuit du 6 au 7 septembre des vivres, des munitions et des médicaments, ce qui fut néanmoins insuffisant pour améliorer durablement la situation. Les désertions se multiplièrent et bon nombre de ceux restés furent durement touchés par la maladie. On ne sait si c'était le feu de Saint-Antoine, mais le mal était moche ! La situation des agresseurs est à peine meilleure. L'Angleterre est loin et le gouvernement ne se précipite pas pour ravitailler une campagne impopulaire, imposée au roi Jacques Ier par Buckingham. La Rochelle put, bien que tardivement, apporter son aide au rouquin, en débarquant dans l'île, le 10 septembre, des vivres qui sauvèrent les goddons de la malefaim.

Eh oui, Richelieu, l'ost et la digue surtout, n'étaient pas encore là ! La situation se poursuivit ainsi jusqu'à ce que dans la nuit du 7 au 8 octobre, alors que Toiras s'apprête à se rendre, trente-cinq navires de moyen tonnage avec, à bord, plus de huit cents hommes ainsi qu'une cargaison de vivres et de munitions partît des Sables-d'Olonne pour l'île de Ré. Les embarcations royales franchirent une première ligne de défense, mais rapidement se heurtèrent à une deuxième. Vingt-neuf bateaux sur trente-cinq réussiront à passer et ravitailleront le gouverneur, qui peut désormais tenir plusieurs semaines. Le lendemain, en défi aux goddons, ses soldats brandissent du haut des remparts dindons, chapons et jambons.

Voilà ou nous en étions lorsque le messager ou émissaire ou fuyard, on ne savait encore, racontait à notre Régiment de Champagne. Pauvres gars ! Ils avaient dû bien déguster !

C'était plus les cavaliers de l'apocalypse parce qu'effectivement, entre la boucherie des dunes et la malefaim du siège, leurs compains sur l'île et eux avaient dû vivre des moments atroces. Il fallait faire quelque chose ! Tancrède sentait l'adrénaline et la haine gagner ses veines, ses muscles, son cerveau. Il voulait aller massacrer les tourmenteurs goddons. En plus, à quoi bon rester dans la merdasse de ce camp ? Le borgne italien n'avait guère montré le bout de son nez, aucune nouvelle de son aimée. À quoi bon ?

— J'en suis ! dit-il tout haut, alors que rien n'avait été demandé ou ordonné. Il fut immédiatement imité par son frère d'armes, qui était encore plus rouge de rage que lui.

— Moi aussi, avait-il presque crié. On va les renvoyer sur leur île à eux ces hérétiques et en quartiers de viande !

Tout l'attroupement les regardait, se regardait les uns les autres, murmurant d'abord, vociférant ensuite de concert, chauffés à blanc. Tous voulaient aller se battre.

L'émissaire dont on ne connaissait toujours pas le nom, qui avait d'ailleurs repris des couleurs alors que ses deux compains semblaient plus morts que vivants, leva le bras en guise de demande de silence.

— Patience compères, patience ! J'ai l'honneur de vous annoncer que tous vous en serez !

Nouveau hourra général ! Tancrède, quant à lui, imité par son compain, n'arrivait pas à lâcher des yeux un des deux autres pauvres soldats émissaires, dans les pupilles duquel la mort, le sang et le Diable lui-même se trouvaient.

Il avait blêmi et manqué défaillir. Il marmonnait tout bas, livide, le regard dans le vide. Tancrède demanda d'un geste à l'assemblée de se taire pour que l'on puisse l'entendre.

— Non, non, je n'y retournerai pas ! Je n'y retournerai pas !

Nicolas s'était approché avec une gourdasse de vin, qu'il tendit au fantôme.

— Parle l'ami, tu es en sécurité ici !

Celui-ci en but un grand trait, tremblant comme une feuille. La rasade lui ayant remis du feu dans les yeux, il dit gravement :

— Vous ne savez pas les gars ce qu'il se passe là-bas. Vous ne pouvez imaginer sur ces maudites dunes ce qu'on a vécu ! Ah l'enfer, la boucherie, le massacre !

Le troisième larron de l'apocalypse, qui n'avait dit mot jusqu'à présent, enchaîna :

— Comme le dit Blaise, ce fut l'enfer ! Les goddons étaient planqués derrière les hautes dunes de sable qui ressemblaient au désert de Terre Sainte. Nous, les hommes à pieds étions derrière la cavalerie. Des grands noms étaient là. Deux des frères du Commandeur, les gars, et si certains d'entre vous savent de qui je parle, le baron Rabutin, personne forte connue ! Eh bien, figurez-vous les gars, que ce qu'on ne savait pas, qu'on ne voyait pas, c'était que des canons étaient planqués, derrière les bosses de sable. Nos cavaliers chargèrent sur ordre de Toiras, l'épée haute, les sabots de leurs montures s'enfonçant dans le sable sec, au grand galop. Déchirés par les boulets, pulvérisé.

Il tremblait de tout son être en racontant cela et poursuivit :

— Quel massacre les gars, je vous assure ! Nous autres piétons voyions toute la scène, car censés les prendre par les flancs après la charge. Compains, si vous aviez vu les chevaux et leurs cavaliers exploser en pleine course ! Devenir de la poussière aussi fine que le sable, de couleur chair et sang !

Le mort-vivant, son acolyte, vomit immédiatement et sur ses bottes, ou plutôt les lambeaux qui en restaient, ensanglantées, coupées, usées, crottées. Là aussi, le spectacle était vraiment affreux et un petit bruit général de dégoût monta dans l'attroupement.

Le narrateur poursuivit :

— Et ouais mes gars, nombre d'eux sautèrent ou furent déchiquetés par les éclats. Tenez le frère du capitaine ! Une passoire je vous dis ! Transpercé de toutes parts, je vous dis ! On l'a même arquebusé ou plutôt son cadavre, flottant sur la croupe de sa monture, juste avant qu'elle ne s'écroule, elle aussi, découpée en rondelles par la canonnade et mousquetterie ! Et ouais les gars, horrible !

Là, des « ahh » de dégoût plus encore, qui se changèrent en cris de rage montèrent. L'autre poursuivit son macabre récit donc le silence revint. Un silence concentré, mortuaire mais aussi ampli de rage, mortifère se fit :

— Nous autres piétons assistâmes de loin à cette massive occision et le champ de bataille était devenu une grande boule de fumée avec du rouge et des morceaux d'hommes dans l'air, mélangés à la poudre dans un nuage de poussière et de brume.

Lorsque celle-ci se dissipa, nous vîmes tous ces nobles combattants et je dis nobles dans les deux sens du terme en petits bouts sur le sol. Quelques navrés mugissant de douleur, de rares cavaliers non occis faisant retraite à bride abattue, des chevaux agars, piétinant ce qu'il restait de leurs maîtres, affreux mes gars, affreux !

— Et après ? questionna le gros vétéran qui tremblait de rage et d'effroi.

Personne ne faisait un son ou un bruit.

Le conteur prit une grande lampée de vin et enchaîna :

— Bah, nous autres, avant même d'avoir ouï l'ordre de retraite, déchargeâmes nos pistolets et mousquets en direction des goddons et primes nos jambes à notre cou. Il n'y avait plus rien à faire. Tout ce qui restait de notre petite armée foutut le camp vers Saint-Martin de Ré, où l'on ferma les portes. La suite, je vous l'ai racontée. Depuis on est assiégé par cette follieuse de Buckingham et vous le savez, pas faute d'avoir essayé, d'un côté comme de l'autre. Je pense aux pauvres gars qu'on a envoyé à la nage !

Et là-dessus, il coupa son récit, buvant une nouvelle lampée, songeur et profondément marqué.

Le silence était encore bien marqué, malgré un léger remous parmi les troupes. Chacun parlait à voix basse à ses voisins ou simplement seul dans sa barbe mais l'on sentait le désir de vengeance pour ces soldats qui pensaient à leurs semblables sur cette maudite île.

Tancrède tentait de remettre toutes ces informations dans l'ordre. Il imaginait ce qu'ils avaient vécu et se dit aussi que c'était une petite guerre dans la guerre, que la possession de ce bout de terre, avec ses sièges, affrontements, tentatives de sauvetage. Il regarda alors son ami qui lui était écarlate, tremblait et quasiment claquait des dents. Ce dernier cria alors :

— Qu'est-ce qu'on attend alors ? Qu'est-ce que le grand Cardinal attend pour remettre en route une expédition ? Il faut qu'on y aille et pour férir du goddon !

Un hourra général monta alors, digne d'une vraie bataille mais le messager leva de nouveau la main, pour parler mais aussi se faire entendre. Il s'adressa alors directement à Nicolas mais fortement, afin que tout le monde entendît.

— Pourquoi crois-tu que nous sommes là ? Que nous avons crevé nos chevaux et nous-même pour arriver jusqu'ici ? Vous faire une visite courtoise ou vous donner quelques nouvelles de vos aimées ?

Éclat de rire collectif, à part pour l'intéressé, qui voulut bondir comme un boulet en direction de l'homme, sa main dextre ayant cette fois saisi pour de bon la poignée de son grand poignard ou petite rapière. Le bras puissant de Tancrède, devenu lui aussi nettement plus sombre, l'en empêcha, assorti d'un non de la tête, muet et froid. Cette simple phrase avait été pour nos jouvenceaux un coup dans les couillons, une décharge dans les nerfs, suivi d'un entremêlement de pensées, de souvenirs. Anne lui manquait tant et il n'avait aucune nouvelle. Lui aussi aurait pu tuer pour moins que cela mais il fallait garder son calme. L'annonceur n'y était pour rien, ne savait pas ses histoires, comme personne d'ailleurs et avait déjà assez souffert.

Il couvrit les ricanements qui perduraient, avec une voix caverneuse et résonnante, qu'on ne lui connaissait pas :

— Poursuis, vas-y !

Juste le temps de s'essuyer la bouche d'un revers de paume et l'envoyé, qui commençait à sérieusement rougir sous l'effet du breuvage, continua :

— À la bonne heure les gars ! Ah, votre breuvage a un goût de pissat mais ça vous requinque un homme ! Cela le fit rigoler mais il enchaîna :

— C'est de son Éminence qu'on cause compain ! Comme tu le sais, c'est un fin stratège et il n'abandonne jamais !

Il rebut une grande rasade, fit une pause et s'embarqua seul dans un immense fou rire, quasi démoniaque. Retrouvant subrepticement son sérieux, il cria ensuite presque à l'assemblée :

— Bien, que je vous explique la chose. Nous ferons traversée de nuit, par petits groupes et en chaloupe. Il faudra être silencieux comme la mort sinon vous la rencontrerez !

Là encore, il se plia littéralement en deux, tout content de son plaisantement et reprit :

— Nous rejoindrons donc le fort La Prée devant lequel un passage inconnu de la merdaille goddone vous fera rejoindre l'intérieur, pour aider nos gars. Ensuite, nous verrons selon la tournure, mais il faudra qu'on aide Toiras et nos compains assiégés dans Saint-Martin de Ré.

Nouveau silence, entrelacé de chuchotis des uns et des autres. Plus mortuaire celui-là, l'on avait compris que cette fois c'était pour de vrai et que la bataille de cette île avait l'air d'un joli merdassier. On entendit alors de nouveaux grondements de sabots, plusieurs chevaux, venant de derrière. Tout le monde tourna la tête dans leur direction, même le narrateur, qui en profita pour finir sa gourde d'un trait, tout en riant dans sa moustache hirsute, collée et faisant des croûtes d'un mélange de poussière, morvine et du breuvage qu'il avait englouti. Son comparse mal en point, l'était plus encore. Sa tête basse pendait entre ses jambes pendant que des restes de vomis coulaient de ses lèvres.

— Tiens, voilà l'autre général, ce me semble, et donc les ordres ! Haha trouvez-vous du clairet les gars, ça va bouger !

En effet, Tancrède et Nicolas fixaient les trois cavaliers arrivant à eux tous, dans cette sorte de grande plaine verte, boueuse entre la mer et les murailles de la cité maudite. Un grand feutre à plumes couvrait celui du milieu, un plastron de fer à dorures, d'une propreté étincelante paraît son buste, une longue chevelure brune bouclée descendait sur ses épaules et lui, avait sa moustache cavalière parfaitement taillée. Tudieu, aussi propre que celle du Cardinal, se disait notre Tancrède qui lui, filait frénétiquement comme à son habitude lorsqu'il était anxieux, la sienne, se piquant le menton comme il en arrachait plusieurs poils un à un.

En effet, c'était Schomberg en personne. Les chevaux furent arrêtés net dans un nuage de poussière, au milieu de la piétaille présente et le général, sans mettre pied à terre, cria à leur intention :

— Mes gars, faites paquetage, aiguisez vos lames, mettez votre poudre au sec, nous partons dès cette nuitée. On compte sur nous ! Ya !

Il fit demi-tour, sa monture soufflant par les naseaux, trempée de sueur de remise au galop, presque aussi prête et pressée que son cavalier pour la guerre.

Nos amis échangèrent un regard complice, sans dire mot, résignés. Revoir leurs aimées s'éloignait, et la mort allait retaper à leur porte. Ils se hâtèrent de retourner à leur tref de fortune, loin des autres. Les armes seraient prêtes, coupantes et leurs esprits chauffés par ce qu'ils venaient d'ouïr et à l'approche des rasades qui les attendaient.

« Que fais-tu ma douce Anne, mon aimée, ma mie ? M'as-tu oublié ? Où est donc ton message à un œil ? Ah je ne reviendrai peut-être pas ! »

L'Île maudite

La mer était fort mauvaise en cette fin du dix-septième et début du dix-huitième jour du mois d'octobre de l'année 1627. Un crachin, mêlé aux embruns qui volaient, sur les ordres d'un vent dur, changeant de sens, transperçait nos deux amis qui s'accrochaient à leurs avirons. Glaçant jusqu'au sang ! C'était bien pire dans le creux des petites vagues, qui secouaient leur chaloupe, la charriait comme une coquille de noix. Penchés sur leur rame, la tête basse, le corps vers l'avant, ils étaient uniquement protégés par la même cape plus qu'usée qui leur servait depuis le début de cette campagne, même bien plus avant encore. Elle était leur couverture pour la nuit ou pour le froid, leur cape pour monter à cheval ou quand il fallait avoir l'allure cavalière mais normalement aussi, la protection contre les éléments, comme dans le cas présent, mais rien à faire ! Un troisième larron, accroché au gouvernail pour tenter de ne pas chavirer et de garder un cap, finissait leur équipage, en route pour le fort La Prée, sur l'île maudite. On leur avait dit qu'ils iraient par petits détachements, c'était le moins que l'on puisse dire. Des trombes d'eau salée, gelée, leur tombaient sur la goule à chaque vaguelette écumeuse qui arrivait, poussée par un vent de face. Si celui-ci allait contre, ils basculaient dans le creux et cela était pire encore. Nos deux compains n'étaient pas les seuls à souffrir. Le pourtant solide gaillard et capitaine, en cette nuitée, avait bien du mal à tenir la barre du timon. S'il se cassait, même si l'on n'était pas loin de la côte, c'en serait terminé pour eux. Ils se noieraient ou dans le meilleur des cas, seraient projetés vers le rivage, amenés tout droit aux goddons. Tancrède souquait donc ferme, à grands et longs coups de rame, pendant que son compain ne ménageait pas non plus ses ardeurs. Pourvu qu'on y arrive vite !

En effet, à leur départ du campement, ils avaient marché en bataillon rangé, direction sud-ouest, étant eux-mêmes à l'ouest de la ville. Mais le randon s'était vite changé en jeu d'espies. Il avait fallu là encore se cacher, marcher à deux ou trois en dissimulant ses armes, en ramassant ce qu'ils trouvaient et qui pouvait les faire passer pour des pêcheurs ou hobereaux. On allait emprunter le chemin le plus direct pour rallier l'île, c'est-à-dire prendre la mer à La Pallice et sa pointe de terre. Quelques brasses après, une autre pointe de terre, mais insulaire, les attendrait. Heureusement, ils n'y accosteraient pas. Trop loin de leur objectif et déjà sinistrement connu de tous, Sablanceaux. Non, ils passeraient plus au large au nord, pour arriver sur la côte est, non très loin après, à Rivedoux ou aux goguettes selon les équipages qui étaient de petits bourgs de pêche. Ils seraient alors conduits, encore comme des espies, dans le plus grand silence et secret, jusqu'au fort où ils attendraient les ordres. Tancrède, bien que souffrant sur sa pagaie, ne pouvait s'empêcher de penser à la minutie de la préparation.

Après avoir montré son génie politique et ténacité à toutes épreuves, le Cardinal de Richelieu démontrait ici ses facultés de stratège militaire, mais aussi sa rudesse diplomatique. On ne gagnait pas une guerre en faisant des compromis. L'affaire était trop sérieuse, trop emblématique, trop lourde de conséquences pour que le but ne soit pas la victoire totale, le rayonnement de son Roi, la honte de leurs ennemis et celle de celui par qui tout, en fait, avait commencé, Georges de Villiers. Mais de La Rochelle avec son siège lent et fastidieux, le conflit ouvert s'était déplacé sur l'île de Ré. Une véritable guerre dans la guerre. C'était absolument époustouflant le nombre d'événements, de retournements, qui s'étaient produits depuis l'arrivée du rouquin.

Il fallait pour le moment souquer ferme. Leur arrivée était certainement la dernière chance de l'armée royale réfugiée dans la ville de Saint-Martin et les goddons ne feraient pas de quartier. Tout avait échoué ou presque. Tancrède, le buste et la hure courbés sur son aviron, encaissait les lames d'eau glacée qui lui tombaient dessus. Les tripes en pagaille, il priait pour que la manœuvre fonctionne mais déjà pour qu'ils arrivassent à bon port ou plutôt ici, à bon fort. Et s'ils étaient repérés ? Si leur misérable embarcation était écrabouillée par une vague ? Ah, il ne fallait pas songer mais ramer, ramer, tenir bon. D'un coup d'œil à sa dextre, il put voir Nicolas, dans la même position que lui, mais glairant sur ses pieds, le visage tordu et blême. Il avait l'air de sacrément souffrir !

Encore plus que lui. Il demanda à son ami d'un signe de tête si cela allait. L'intéressé, livide tel un fantôme vomit sur ses bottes, qui d'ailleurs ne ressemblaient plus à des bottes depuis fort longtemps. Tout comme celles de notre blondin, trouées à maints endroits, décousues, les talons éclatés, rabotés, le cuir délavé, attaqué par l'eau de mer, comme avant par la terre, la boue ou le sable. C'était le dernier de leurs soucis à cet instant. Tancrède redoubla ses efforts, ayant eu réellement de la pitié pour son frère d'armes et cette vision, telle un spectre décharné, blanc, enveloppé dans une cape de faucheuse, souffrant, grelottant, haletant, l'inquiétait. Il fallait vite arriver mais y arriver tout court ! Leur camarade capitaine n'en menait pas large non plus. Il ouvrit la bouche, mais sans pour autant parler à nos amis, qui lui découvrirent une bouche édentée et noire. Ses chicots brillaient même dans l'obscurité. Son doigt était tendu vers l'avant, comme pour leur montrer quelque chose. Son autre bras était accroché à la barre, comme une mère avec son nouveau-né. Les amis levèrent la hure, buvant une grande rasade d'eau saline et virent une silhouette qui se dessinait devant eux. Imposante, noire, haute et à ses pieds, la terre était là. Les goules étaient lasses mais soulagées. Les dernières forces furent mises dans les rames tandis que la tempête diminuait et que la mer se calmait. On était sans doute dans quelque côte protégée du vent.

Le silence revint presque en un instant, tel que, ce furent nos trois marins qui dussent ne plus faire un bruit, lever les avirons et se laisser glisser jusqu'à terre, sous le fort La Prée.

•••

La coquille de noix fut comme bercée par le calme. Le capitaine avait parfaitement fait son office, les menant vers un minuscule morceau de terre, attenant à une des tours du fort.

Le barreur, d'un nouveau grand coup de mâchoire édentée, leur intima ou plutôt ordonna de mettre pieds à terre, en silence, si l'on en crut le doigt qu'il avait posé à la verticale, devant l'horreur qu'était sa mâchoire. La chaloupe avait glissé jusqu'au rivage. Ils s'apprêtèrent à descendre lorsqu'ils entendirent des bruits. La végétation collée à la pierre de l'imposant ouvrage militaire avait bougé. Quelques branchages remuèrent et nos deux amis blêmirent, n'osant plus bouger d'un pouce, tant ils n'avaient pas envie d'apercevoir des ennemis et donc de tirer l'épée. Un sifflet fut lancé par la bouche toute droite sortie de l'enfer. Le son de celui-ci avait été étrange, sans doute déformé par le cimetière buccal. Nos comparses, moins crispés mais pas rassurés pour autant, n'osaient toujours pas faire le moindre geste. Même en fantômes éreintés, trempés, glacés jusqu'au sang, il fallait être prêts à agir et ils vendraient cher leur peau. Sans nouvelles de leurs aimées, ils n'avaient plus rien à perdre. La rage, la haine étaient seules en eux et ils allaient entraîner dans le trépas le plus d'hérétiques possibles, dussent-ils les y conduire eux-mêmes ! Un nouveau petit hululement se fit entendre, provenant de la terre cette fois, comme en réponse au premier. Nos deux amis s'étaient quelque peu déridés quand même lorsqu'ils avaient compris que l'on se faisait de discrets signes. « Que l'affaire avait bien été préparée », se disait une nouvelle fois Tancrède en son for intérieur. Le Cardinal était vraiment grand homme ! Mais est-ce que cette fois-ci cela marcherait ? Les autres barques qui les suivaient sans doute de très près allaient-elles se faire repérer ? L'issu était encore tant incertaine. Il fallait d'abord mettre pied sur cette île alors que cela grouillait partout alentour de goddons ! Il fallait vivre d'abord ! Nicolas, qui était un tantinet plus anxieux que son compain, était aussi immobile mais rouge comme la cape de Richelieu elle-même. Ce coup-ci, cela n'était pas de colère ; mais peut-être plus de trouille, ce qui est naturel et nullement blâmable. Mais il n'avait pas l'air en grande forme.

Une tête sortit alors silencieusement des fougères à terre, puis une autre. Elles étaient noires. Noires de boue, de suie, mais aussi de faim, de fatigue, de guerre. Cela se sentait, mais là ils étaient en mission. Ils firent des signes de main, leur disant de venir à eux, tandis que le capitaine sans dent leur faisant de même, les poussant à aller à l'eau, mais en silence. Un chicot brilla à nouveau dans l'obscurité ! Les appelés se regardèrent brièvement et d'un assentiment mutuel, rapide et invisible, se hissèrent avec les bras sur le rebord de la barque, pour se glisser dans la mer qui clapotait gentiment. Il fallait y rentrer sans bruit donc doucement et elle était gelée, c'était une véritable torture. Tancrède sentit une décharge qui lui glaça le corps entier, lorsqu'il fit pénétrer ses heuses au cuir en charpie.

C'était insoutenable, mais il fallait y aller et d'un coup sec. Il poussa donc vers le bas pour s'immerger totalement jusqu'à la nuque. Là, une paralysie totale, tétanique le prit et il ne put bouger le moindre orteil pendant quelques longues secondes, jusqu'à ce qu'il ait pied. Tudieu, elle était sacrément profonde alors qu'à quelques brasses à peine du rivage. Les deux hures à terre étaient devenues des corps, qui mirent leurs pieds nus à l'eau pour aller chercher nos compères transis de froid. Ils les happèrent de leur bras, les tenant fermement pour ne pas qu'ils s'écroulent en un grand fracas, leur baissant la tête jusqu'au rivage. Ces ombres assaillirent nos amis dans fougères denses et coupantes, qui étaient isolantes du vent et du froid. Sans dire un mot à nouveau et avec des gestes des bras et de la goule, ils donnèrent leurs directives, que Tancrède et Nicolas, claquant des dents mais alertes, l'adrénaline ayant fait son office, crurent comprendre. Il allait leur fallait longer la muraille ronde, en montant, la tour se trouvant sur un monticule. Nicolas et Tancrède firent oui de la tête tandis que les deux loudiers, aux faces encore plus marquées, répondirent par un doigt sur les lèvres en passant à côté d'eux. Les passeurs se remirent à l'eau, sans le moindre tremblement ou signe de désagrément et rejoignirent le rafiot, qu'ils firent tourner, nez vers le continent, en le poussant, lui donnant ainsi l'inertie nécessaire et silencieuse pour prendre la mer. Ils se hissèrent alors, agrippant chacun sa rame et faisant comprendre au capitaine sans dent qu'ils étaient prêts. Nos amis regardèrent, accroupis, gelés, l'embarcation glisser. L'affaire était vraiment bien pensée. Le travail de ces pauvres bougres, surtout celui du barreur, était presque du suicide. À quoi eux, devraient donc ils faire face ?

Nicolas tapota Tancrède pour le sortir de ses pensées. Ils se concentrèrent et d'un mouvement de tête, d'un seul chef, se mirent sur leurs pieds, toujours accroupis, le corps collé à la paroi et commencèrent l'ascension.

•••

Après avoir tourniqué silencieusement, ils avaient été happés par deux nouveaux complices qui les avaient fait choir dans une sorte de trou terreux mais encore plus boueux. Le froid tenaillait les deux frères d'armes, augmenté par le vent qui les gelait jusqu'à l'os mais qui camouflait aussi les claquements de dents et mouvements compulsifs que faisait leur corps. Ils s'étaient donc retrouvés le potron dans la gadoue, hagards. Deux nouvelles trognes leur étaient désormais visibles, bien marquées, elles aussi, et deux nouveaux doigts devant la bouche, puis un signe de main pour qu'ils les suivent. Quel fut leur étonnement lorsqu'ils virent dans cette obscurité et dans cette fosse, un trou, une ouverture dans la terre, semblable à l'entrée d'un boyau. Leurs passeurs bougèrent de nouveau les bras, leur faisant comprendre qu'il allait falloir se mettre à quatre pattes et plonger sous la terre. Tancrède eut alors la vision qui se troubla, le cœur qui palpitait encore plus alors que le gel, mais aussi la faim, la soif, la fatigue le tenaillaient. Souvenir de la caponnière ! Heureusement, cela passa. Un guide passa d'abord, l'autre fermait la marche. Aucun bruit ou vue de l'ennemi. Ce passage secret leur serait introuvable même inimaginable. Après d'angoissantes minutes à s'écorcher les genoux, à se faire saigner les mains en avançant dans un noir absolu, ils avaient vu de la lumière et la pente était ascendante. Un rond de lumière ! La fin de cet enfer ? Ils rampèrent et restèrent à plat ventre, puis arrivèrent dans une salle, une pièce, une cave, peu importait mais en tout cas, à l'intérieur. La douce sensation d'une température moins basse, sans être chaude néanmoins, leur permit de souffler. L'un, Nicolas, était face contre sol, respirant, bavant dans la poussière et la terre, tandis que l'autre était sur le dos les yeux vers le haut, haletant comme un cheval sortant d'un terrible galop. Un mélange d'eau de mer, de pluie, de boue mais aussi de sueur, coulait le long de ses tempes et perlait de son visage normalement si doux, qui était-ce, tantôt, noir comme le charbon. Un plafond de pierres était au-dessus de lui. Un regard à dextre, et il vit son ami, se tortillant, se débattant, mais qui était là et en vie. Deux silhouettes, sans doute leurs passeurs. Tout était allé si vite ! Tancrède commençait à reprendre ses esprits ; mais depuis qu'ils avaient débarqué ou plutôt même, embarqué, tout n'était qu'hallucinations. Un homme en moins bonne santé aurait déjà fait une apoplexie. Sa vision commençait à redevenir normale. Il ouvrit et ferma plusieurs fois les paupières, comme pour en extirper tout le sable, terre, sueur, eau de mer, qui s'y étaient logés. Toujours sur le dos, trempé, las, une figure inconnue mais souriante se trouvait au-dessus de lui, tendant une main pour le relever et de l'autre une gourdasse. Notre héros saisit la poigne qui se présentait et fut vigoureusement remis sur ses pieds, ou plutôt ses bottes, dans un couinement de cuir trempé et pourri. L'homme lui tendit la boisson, qu'il prit en tremblotant et en but une belle rasade. Là encore, léger choc car la force et chaleur du tord-boyaux contrastaient brusquement avec le gel qui le parcourait depuis longtemps désormais.

Il souffla tant cela lui avait piqué le nez mais une sensation de bien-être avait envahi son corps. Sans doute une eau de feu locale. Il put alors correctement voir l'homme à qui il devait cette résurrection. Un grand gaillard, au vêtement de soldat presque semblable au sien, portant uniquement chemise, braies et ceinturon, dans laquelle était coincée, au niveau du potron, une longue dague, à la lame brunie. Tancrède savait que seul le sang laissait ce type de traces indélébiles. Il devait avoir entre trente et quarante ans, sa hure basanée par l'armée et les guerres était couverte d'une barbe drue, qui avait dû avoir, comme pour presque tous, jadis, de grosses moustaches cavalières. Il avait l'œil rougi et arborait toujours un grand sourire, presque réconfortant, paternel.

— Alors compain, le rèze fut-il bon ? Moi, c'est Boniface et toi, ou plutôt et vous ?

Il tournait la tête en disant cela. Tancrède n'avait pas vu où était son ami. Merdaille, Nicolas ! Il porta son regard dans la même direction et vit plusieurs hommes d'abord, soldats, puis une silhouette à terre, qui se tortillait. Ouf ! Il était là, mais dans quel état ? Tancrède se précipita dans sa direction, jouant des coudes pour arriver à lui. Il se mit à genoux et prit la tête de son camarade dans les mains. Il n'avait pas l'air bien, blanc comme un gisant, tremblant, les yeux mi-clos, les lèvres bleues.

— Nicolas, c'est moi, on est sauf ! C'est moi !

Il le prit dans ses bras, tentant de le réchauffer comme il le pouvait. Puis, à voix et tête haute :

— Boniface, la gourdasse, s'il te plaît !

L'intéressé, son sourire effacé cette fois-ci, vint vers eux, voyant que l'affaire était sérieuse. Les hommes qui semblaient se gausser ce tantôt, étaient venus aussi au chevet du malheureux. Tancrède saisit la poche à eau-de-vie, dont il versa un trait dans la bouche de son ami, les autres aidant à lui maintenir la tête car celle-ci allait de dextre à senestre, comme s'il était en train de busner ou plutôt de cauchemarder, d'une fièvre malade. Après une petite résistance défensive, la rasade finit par passer. Une deuxième, puis une troisième lampée suivirent, mais la main de Boniface vint interrompre la quatrième, avec un signe de tête signifiant, c'est assez. Ils étaient en totalité cinq autour de lui et tous étaient quiets, guettant le moindre changement chez le navré. Pas déjà un homme mat avait l'air de dire leurs regards. C'était les ultimes et seuls renforts après tout. Quelle guigne, quelle merdasse de guerre ! Pris au piège sur ce vulgaire caillou hérétique ayant déjà fait son lot de morts.

Entre le massacre des dunes, le siège de Saint-Martin de Ré, ses passes d'armes, changements de domination, sans oublier les ravages qu'avaient fait la faim et plus encore la maladie, le tribut était déjà cher payé, dans un camp comme dans l'autre. Il paraissait, d'après ce que nos amis avaient appris pendant leur randon des abords de La Rochelle à la côte, que les goddons avaient le feu de Saint-Antoine ou un autre mal y ressemblant. Toiras avait d'ailleurs, toujours selon ces mêmes bruits, pensé que cela obligerait Buckingham à reprendre la mer, ses rangs trop décimés pour la poursuite de l'expédition, mais il n'en était pour le moment absolument rien. Les goddons étaient toujours là, devant la grande ville, espérant eux aussi que ceux d'en face se rendent à cause de la malefaim, la soif ou la malemort. Mais là encore, il n'en était rien. Cependant, si tout se passait bien, c'est-à-dire comme le Cardinal l'avait imaginé, il y aurait bientôt du mouvement. Alors les goddons seraient-ils comme leurs aînés à Azincourt ? Malades au plus haut point et nus, car se caguant dessus à chaque seconde, malmenés aussi par la faim et le froid, mais qui finirent vainqueurs ? Cela allait se savoir !

Nicolas avait tout à coup repris un peu vie, il avait arrêté de trembler et ouvrit tout à coup les yeux et la bouche en grand, puis avala l'air à pleins poumons, comme si on lui avait coupé la respiration ou qu'il revenait de l'au-delà. Il avait l'air d'un fou mais était vivant et cherchait à se débattre des différentes paires de bras, pourtant protectrices, qui le tenaient fermement.

— C'est moi l'ami ! C'est moi, Tancrède ! Sois tranquille, tu es en sécurité et nous sommes bien arrivés, lui disait doucement son ami, accroupi à son côté tandis que les camarades y allaient de « Calme, calme » et « Tout doux, l'ami ».

Quelle formidable solidarité entre ces gens de guerre, plus habitués à se quereller ou se défier lorsqu'ils n'étaient pas au combat. Dans ce dernier également, l'esprit de groupe était présent parce qu'absolument obligatoire.

Le revenant promenait ses yeux, des bruiements non identifiables sortant de sa bouche mais il commençait à retrouver la raison. Nicolas releva le buste lentement, se débarrassant au passage des bras qui l'entouraient puis secoua la tête. Ses yeux reprirent leur aspect habituel. Toute l'assemblée était quiète, attendant qu'il prononce quelque mot, qu'il dise si cela allait, s'il était blessé ou autre. Enfin, il lâcha :

— Tancrède mon ami ! Que je suis aise de te voir !

Il esquissa un sourire et lui prit le bras puis poursuivit :

— Tu ne m'introduis pas à nos nouveaux compains ? Qu'est-ce qu'il s'est passé ? J'ai l'impression d'être allé en enfer !

— Es-tu blessé quelque part ? As-tu mal ? Tu m'as flanqué une de ces cagades !

Notre brun jouvenceau semblait être légèrement confus et répondit :

— Bah non, que me chantes-tu ?

Boniface lui tendit la gourde, en lui glissant :

— Essaie de ne point trop causer l'ami et bois plutôt la rasade ! Tu étais délirant de fièvre mais tu es arrivé à bon port. Tu peux regracier ton ami qui s'est occupé de toi.

Tancrède coupa presque le vétéran :

— Tes compères et toi nous avez bien aidés, heureusement que vous étiez là ! Sans la chaleur humaine et le feu de ta vinasse, Nicolas n'aurait jamais repris des couleurs.

— Nicolas donc, le revenant. Et toi le jouvenceau gelé ?

— Lui, c'est Boniface, dit-il à l'adresse de son compain, désignant des yeux leur sauveur.

— À la bonne heure, pour vous servir les gars ! Voici Blaise. Lui, c'est le petit Meschin et lui, le bascon Roland, poursuivit l'intéressé, son doigt bougeant d'un homme à l'autre, tandis que ceux-ci faisaient un léger signe de tête, pour assentiment et présentation. Je sais que deux ont des surnoms peu gracieux mais c'est comme ça parmi nous !

— Nous vous regracions les gars. Vraiment ! Sans vous, mon compain serait mat.

— Oui, merci, Messieurs, rétorqua Nicolas. Mais étais-je à ce point proche du trépas ? Nous n'avons fait qu'une traversée en barque, ce me semble, car de la suite, je n'en ai aucune remembrance.

— Je te raconterai l'ami, ce ne fut tout de même pas une promenade. Tu as dû prendre froid et avoir la fièvre.

Le grand soldat interrompit, un rire gras dans la voix :

— Vous causerez plus tard les tourtereaux !

Les trois autres larrons pouffèrent comme des jouvencelles.

— Pour l'instant, soyez les bienvenus au fort La Prée ! Nous sommes dans une des tours. Personne ne connaît ce passage, surtout pas les goddons. Chance pour nous qu'il n'y ait que l'armée de Villiers car si quelque huguenot rochelais ou rétais était parmi eux, cela n'aurait certainement pas été de même. Ces fils de Bélial sont trop occupés à assiéger Toiras, mais aussi à baisser leurs braies tant ils ont la cagade, à ce qu'il paraît !

Nouveaux rires, mais général ce coup-ci ! Le vétéran ajouta, le sourire un peu effacé :

— Il faut vous sécher compères maintenant. Vous tremblez comme des carcasses et êtes pâles comme la mort elle-même ! Je vais vous conduire. Quant à vous les gars, j'espère que les prochains seront en meilleur état.

Tristan, qui n'avait plus ressenti les effets de l'hypothermie depuis leur bascule démoniaque dans ce nouveau monde, se remettait à claquer des dents. Il dégoulinait toujours autant de ce mélange d'eau de pluie, de mer et de sueur, qui lui glaçait le sang. Ses pauvres vêtements avaient cette fois-ci fait leur dernier voyage. Il se remit sur ses pieds, brûlé dans le mouvement par le contact entre sa peau et le tissu, tout en aidant Nicolas, qui eut plus de mal à en faire autant. Boniface avait raison, ils allaient en crever. Notre blondin était cependant resté sur les derniers mots de leur sauveur « les prochains ». Il adressa :

— D'autres comme nous vont donc arriver encore cette nuitée ?

— Toute cette nuitée et toutes celles qui vont suivre. Comme depuis quelques-unes, mais vous devez savoir tout ça, non les gars ?

Tancrède l'avait un peu mal pris mais ce n'était ni l'heure ni l'endroit ni même l'homme pour chercher querelle. Il répondit donc :

— Si bien sûr, mais que nous tous allions utiliser ce passage, ça non !

Boniface sourit, non peu fier, comme les autres qui ricanaient, d'être les gardiens de cet ingénieux stratagème, qui allait peut-être changer le cours des événements.

— Eh oui, mes gaillards, ça vous la coupe, hein ? Haha. Allez, suivez-moi maintenant ou la vraie malemort, mais de froid, va vous emporter sans que vous ayiez vu un seul goddon. Et vous les gars, continuez comme ça ! Vous m'appelez si quelque chose ne va pas et soyez prêts, les prochains vont bientôt arriver !

— Compte sur nous ! dirent-ils de concert en reprenant leur place, à l'intérieur et à l'extérieur du fort.

Boniface alla donc jusqu'aux degrés qui montaient. Il était suivi par nos deux amis, pour qui chaque mouvement était une torture, faisant coller leurs frusques glaciales à leur peau, elle-même gelée quoique Tancrède eût l'impression d'avoir un peu séché dans cette tour. L'isolation devait être bonne, pensait-il, et une cheminée devait tirer quelque part, peut-être en haut de ces marches, il allait vite le savoir. En effet, nos compains arrivèrent dans ce qui servait de cuisine à la garnison. Ils purent boire la goutte ainsi qu'un bol de bouillon, réconfortant malgré son manque de consistance. On les avait pourvus en tuniques sèches et une fois réchauffés, leur avait désigné une cellule un peu plus haut pour qu'ils puissent se reposer, ce qu'ils firent. Ils dormirent même un bon moment.

•••

Pendant ce temps, aux abords de La Rochelle l'hérétique, un autre de nos personnages regardait dans leur direction, mais lui n'était pas près d'aller dormir. Armand-Jean du Plessis, ce cher Cardinal, était dehors devant son tref, seul, ayant quitté sa table de travail, ses plans, ses courriers et missives, pour aller humer l'air de la nuitée, malgré la petite tempête qui s'était abattue sur la baie et dont le crachin mêlé au vent, mouillait le grand mantelet chaud qu'il avait revêtu ce jour, à défaut de porter l'armure. Il n'avait pas froid. Il bouillonnait. De rage, d'impatience, même de prières mais là, allait sans doute se jouer le sort de toute cette guerre. Il allait pourtant falloir encore attendre et espérer, prier pour qu'un maximum de troupes puissent continuer à passer sur l'île, sans éveiller aucun soupçon. S'ils étaient découverts ou étaient trop peu nombreux ou autre, Toiras serait livré à lui-même avec ses hommes tandis que l'autre général, Schomberg, ne pourrait pas débarquer. Cela serait la fin pensait son Éminence ou plutôt le commencement ! L'île de Ré serait position goddone, pouvant ravitailler la ville mais bien plus encore, accueillir d'autres troupes, contrôler la mer mais surtout aussi permettre à tous les ennemis du royaume de France de s'organiser, galvanisés qu'ils seraient par une telle brèche. Le siège deviendrait vite impossible à poursuivre et Dieu sait ce qu'il adviendrait ! Outre une défaite militaire, cela serait le triomphe de la religion réformée sur la vraie Foi et cela, le ministre ne le laisserait jamais arriver ! Non qu'il fût un vrai dévot, mais rappelons-nous ce qu'il avait compris depuis très jeune. Servir l'Église, c'était servir le Roi et servir le Roi c'était de servir lui-même. Non, il ne pouvait en être autrement. Cette ultime tentative qu'il avait pensée, orchestrée, marcherait ! Une fois l'île prise, les Rochelais ne pourraient qu'attendre que la malefaim les fît se rendre. Lui, aurait tout le temps ! Il enrageait aussi en pensant à ces dames de Rohan qui défendaient la ville avec le coupe-jarret de marin qui leur servait de maire. Famille de princes de sang hérétiques et ligueurs tout comme Condé ou Armagnac !

Que lui n'aurait il fait, ou n'aurait pas eu besoin de faire, s'il était né sous une telle bannière. Il irait les chercher lui-même par le potron ! Un grand poil de sa moustache resta dans sa main tant l'énervement avait transformé ce tic de coquetterie en enragement ! Il tourna les talons et rentra sous son tref, en serrant les mâchoires.

•••

Nos compains reprirent des forces durant les jours qui suivirent. Nicolas s'était remis de sa sorte d'attaque d'apoplexie et tous deux retrouvèrent forme physique et allure. La place se faisait de plus en plus peuplée, tant nombre des leurs avait débarqué, comme eux, de nuit, par barque et par deux ou trois.

Le fort La Prée avait été bâti sur ordre de Toiras en personne en 1626, par les ingénieurs Pierre de Conty d'Argencour et Le Camus. Richelieu n'avait pas été le seul à comprendre l'importance de cette île, il fallait donc pouvoir la défendre. Il était implanté en la commune de La Flotte, sur la côte nord de l'île.

La petite place forte, négligée par Buckingham, avait été conçue en étoile, à quatre bastions, dont deux tournés vers la mer, reliés par des courtines en cul de chaudron, doublée par une enceinte extérieure et un chemin couvert. Il abritait normalement un petit port, ouvert à l'est, mais tout avait été fait pour qu'on eût l'impression qu'il n'était pas opérationnel et même au-delà, que le fort n'était garni que de quelques bougres inoffensifs pour les goddons. Il avait été construit en partie avec des matériaux prélevés sur les ruines de l'abbaye de Notre-Dame de Sainte-Marie-des-Châtelier, toute proche, et avec des pierres apportées par bateau des carrières de Crazannes, dans le sud de la Charente.

Tancrède et Nicolas avaient assisté au remplissage du bastion. Ils avaient même vu des canons. C'était miracle, tout s'était pour le moment passé comme il se devait et ils ne tarderaient pas à être assez nombreux, pourvus en poudre, en armes, pour secourir leur général et renvoyer Buckingham à la mer. L'effet de surprise devait être intact, ce pour quoi la vie au fort était la plus discrète possible. On allumait peu de feux, personne ne sortait et aucune tête ne dépassait.

Nos damoiseaux profitaient aussi de ce temps pour busner de leurs dulcinées, en parler, se remembrer de joyeux moments, surtout le bon, la soirée qu'ils avaient passée en leur compagnie. Tancrède se souvenait de chaque seconde, de son odeur, de sa peau, de ses courbes, ses grains de beauté, tout était en lui et cela resterait en lui pour toujours, ça, il le savait. Pourvu qu'ils les revissent, pourvu que l'Italien balafré apparaisse quelque part, mais l'heure n'était clairement pas à cela. Il allait d'abord falloir survivre à ce bourbier et gagner cette guerre ! Si La Rochelle était prise, qu'adviendrait-il d'Anne ? Elle était la protectrice de la ville et de la foi réformée. Si l'on touchait à un de ses cheveux, il l'occirait de sa main, fut-ce-t-il le Cardinal lui-même !

Car, ce dernier était bien capable de la tourmenter en personne ! Il la haïssait ou plutôt les haïssait. La mère Catherine était la véritable cheffe de la rébellion et la guerre, elle connaissait ! De par son sang, son rang, son nom ou plutôt ses noms, mais aussi sa vie entière. Il convient donc quand même de faire un petit retour sur celle-ci car la grande dame avait déjà un peu vécu au temps de nos événements.

•••

Catherine de Parthenay parlait et écrivait le latin, le grec et l'hébreu, nous l'avons dit. Aussi poétesse – tout comme sa fille, Anne la bien aimée de notre cher Tancrède – dramaturge, mécène, elle reçoit même l'éducation mathématique d'un certain François Viète. Notre dame est la descendante d'une lignée de femmes, comme Michelle de Saubonne ou Antoinette d'Aubeterre, qui alliaient l'érudition à la foi. Mariée à quatorze ans au baron Charles de Quellenec, elle lui intentera un procès pour empêchement « dirimant », resté dans les annales. L'événement le plus marquant de sa vie est le massacre de la Saint-Barthélemy, où son mari y fut occis et où elle prit conscience de la guerre, du sang. Elle composera par la suite une élégie à sa gloire et à celle de l'amiral de Coligny.

Elle est mariée en secondes noces au vicomte René II de Rohan, dont elle eut six enfants. Veuve une seconde fois, elle se consacre à l'éducation de ses fils, Henri et Benjamin, et de ses filles, Anne, Catherine et Françoise de Rohan, dans son château de Blain, puis au parc-Mouchamps. Connue au grand siècle comme la mère des Rohan, elle reproche son abjuration à Henri IV dans un pamphlet publié anonymement, mais qui lui est unanimement attribué. On la dit lunatique et la nomme selon les époques de sa vie, Mademoiselle Soubise, la baronne du Pont ou la mère des Rohan. N'était ce pas un certain Benjamin de Rohan qui avait mené les expéditions précédant celle de Buckingham vers l'île de Ré ? Sa fille Anne lui ressemblera en tout point, à part sur celui du mariage.

•••

Revenons cependant au fort la Prée, qui continua de se remplir jusqu'à la nuit du 30 octobre où nos amis remarquèrent à juste titre, que le passage secret n'avait éjecté personne. Soit ils étaient assez nombreux, soit ils avaient été découverts mais cela ne changeait rien. Tancrède et Nicolas sentaient que la guerre, le combat, arrivaient à grands pas. Tout était si calme sur l'île ! On n'entendait pas un coup de canon ni un coup de feu. Seuls les murmures de ce qui se passait à La Rochelle étaient perceptibles mais ici, rien !

Quelques jours passèrent et l'énervement arriva lui aussi. Tous ces hommes savaient pertinemment que le combat arrivait. C'était en fait Boniface qui était le chef en quelque sorte, et donc le garant du calme, pour que les plans ne tombent pas à l'eau. Il était fort respecté, même craint parmi les hommes. Il circulait, donnant des ordres, exigeant le calme, mettant fin aux querelles. Il s'assurait surtout que tout serait prêt pour le moment où ils entreraient en scène. Il essayait de garder les gars alertes, limitant le vin, ordonnant de fourbir les armes, d'être prêts car Buckingham pouvait bouger à n'importe quel moment. Il ne fallait pas faire de bruit mais le guetter. Le rouquin n'était d'ailleurs pas loin d'eux. Pourvu qu'ils soient tous touchés par le feu de Saint-Antoine, la cagade, cela faciliterait le travail. Nos amis aussi étaient tourmentés, à la fois impatients et la malepeur au ventre. Ils ne discutaient même plus beaucoup entre eux et encore moins avec les autres. Nicolas s'emportait par moments, rougissant contre des hommes que ce silence échauffait. Ils essayaient de garder leur calme, le moral, fourbissant leurs armes et maintenant leurs corps en état. Ils avaient même rapiécé leurs braies, lavé leurs pourpoints, brossé, rafistolé, retalonné leurs bottes, cousu les trous. Forcément, ils songeaient à la malemort. Tous y songeaient ! Tancrède se disait que cette campagne de La Rochelle avait vraiment changé sa vie en tout point.

Il avait trouvé l'amour, connu la guerre, risqué sa vie, et c'était bien loin d'être terminé !

Le soir du 5 novembre, il dit à Nicolas :

— Mon ami, sache que je regracie notre Seigneur tous les jours qu'il ait fait se croiser nos chemins et encore plus, nos destins ! Si je suis occis et que tu survis, ce que j'espère de tout mon cœur, trouve nos femmes je t'en supplie et donne cela à Anne.

Joignant le geste à la parole, il dénoua un fin collier qu'il avait autour du cou et qui ne se voyait absolument pas tant le tour en était large et tant il était fin. Du grand lacet, se fit voir un petit médaillon en or. Nicolas fit une tête fort surprise, n'ayant jamais vu celui-ci, ni sur lui, ni ailleurs. Tancrède sourit en enroulant la ficelle et posant le maigre bijou dans la paume de son ami, puis lui dit :

— Normal que tu ne le connaisses, je le cache normalement dans ma botte. Rassure-toi ce n'est pas pour toi. J'ai plus à te confier mon frère !

Son ami sourit à son tour, attendri, puis ferma la paume de sa main sur celle de son frère d'armes. Tancrède, encore plus ému, poursuivit :

— Si je suis occis, trouve-les, te disais-je, et donne ceci à Anne, en remembrance d'un pauvre soldat mort dans un conflit qui n'était pas le sien et qui l'aime encore, même dans l'autre monde. Toi, va voir mes parents à Chinon et raconte leur tout, s'ils sont toujours en vie. Raconte cela aussi à la mesnie du chastel et je te lègue mes biens. Ce n'est pas grand-chose et plus de labeur que de prospérité, mais cela sera à toi. Ta noblesse de cœur vaut mieux que la plus grande noblesse de naissance.

Les deux compains, qui avaient la larme à l'œil se prirent dans les bras mais furent vite interrompus. En effet, ils étaient dans une cellule d'une des quatre tours du fort La Prée. L'ouverture de celle-ci donnait directement sur les degrés, et devant, apparut un de leurs compères à la hure abominable mais arborant un grand sourire, qui leur dit tout excité :

— Ça bouge chez les goddons, les gars, ça bouge !

Il repartit en descendant aussitôt, répétant la même phrase. Nos damoiseaux avaient cessé leur étreinte. Un regard fut échangé, ils sautèrent sur leurs pieds et filèrent dans les escaliers mais les gravissant pour voir et pouvoir voir de quoi il retournait.

•••

— Mais baisse ta hure enfin ! chuchota mais avec force, Boniface tout en aplatissant le crâne de Tancrède avec sa grosse paume rouge, calleuse et balafrée.

Ce dernier s'accroupit aussitôt sous la pression exercée par le vétéran et aussi volontairement, s'étant rendu compte de sa bévue. Ils étaient tous les trois, avec beaucoup d'autres compères, sur le chemin de ronde crénelé en haut des remparts du fort, dissimulés, cherchant à voir ce qu'il se passait sans qu'on ne les visse.

— C'est pas parce qu'ils bougent qu'il faut nous faire repérer ! Pas de bruits tous ! rajouta-t-il à l'adresse de tous les autres, perchés comme eux sur les melons.

Tous étaient avides d'action ! On s'empâtait depuis des jours et des jours, il fallait en plus rester quiets, alertes et le gosier sec ou presque de surcroît. Ah, vite que l'on se batte, que l'on se batte ! Des sourires aux lèvres, des murmures échangés avec ses voisins, on allait enfin passer à l'action. Notre blondin se disait en lui-même, « pauvres bougres, beaucoup ne rentreront pas vivants, nous en ferons peut-être même parti ». Non, non, il allait vivre, il allait occire, trancher, percer jusqu'à sa dernière force ! Pour survivre, revoir son aimée et rentrer chez lui prendre possession de son fief. Avoir parlé à son ami lui avait fait repenser à sa contrée natale, ses parents, le chastel. Oui, après avoir revu son aimée, il irait.

Le doigt de Boniface tendu vers l'ouest le fit sortir de sa busnerie.

— Mirez, dit-il. Merdaille, les goddons vont vers Saint-Martin et en bataille !

Effectivement, l'armée de Buckingham était clairement visible. Cavalerie, artillerie, piétaille, puis derrière, longues échelles, grandes tarses en bois et paille pour protéger canons, artificiers ou arquebusiers. Effectivement, le rouquin avait l'air d'avoir décidé de mettre le siège à la cité une dernière fois. Les sourires s'étaient effacés sur toutes les lèvres et un silence s'était fait dans le fort, sur son chemin de ronde, comme en son intérieur. On entendait les hennissements des chevaux, que leurs palefreniers temporaires, tentaient de calmer. En effet, ils avaient senti la terre qui tremblait, ouï le martèlement de tout ce monde en mouvement. Ils avaient peur, les hommes commençaient aussi à l'avoir. Nicolas lâcha :

— Ils sont encore en nombre ! Je pensais que la cagade les avait décimés ?

Boniface, de son œil averti de vieux soldat, scrutant l'essaim en mouvement, ajouta sans les quitter des yeux :

— Tu l'as dit, mon gars ! Cinq mille au moins selon moi !

Un loudier à côté d'eux compléta :

— Toiras va avoir besoin de nous, ils sont moins de mille là-bas à ce que l'on dit !

Tancrède regardait toujours la longue cohorte goddone en branle et l'on n'y voyait pas la fin. L'arrière-ban, les hurons en charge du transport logistique, tiraient des chevaux éreintés sous le poids des charrettes qu'ils trimbalaient. Celles-ci n'étaient pas chargées de vivres, ça, c'était une certitude, et Tancrède ne distinguait que des grosses masses sombres, comme du bois ou autres matériaux. Il y avait sur les montures, dans les bras des hommes, des formes rondes, d'autres qui ressemblaient à des avirons, d'autres comme des tonneaux, puis des bâches de toile. Tudieu, ils lèvent le camp comprit notre ami, qui dit aussitôt à l'intention des autres.

Ils ont fait paquetage, les amis. Soit ils déménagent, soit ils rentrent sur la Grande Île. Mirez en queue de bataille, ils ont tout démonté et pris avec eux.

Nicolas, Boniface et ceux qui étaient à côté l'entendirent et scrutèrent pour voir ce qu'il en était.

— Par la moustache du Cardinal, mais tu as raison compain ! Boniface s'était quelque peu levé sur les genoux, comme si cela lui permettait de mieux observer. Sa vue ne devait plus être aussi bonne qu'à ses vingt ans et la guerre avait aussi dû impacter ses sens, entre le boucan des canons et des explosions. Nos acolytes avaient pu observer les innombrables navrures qui parcouraient son corps. Nicolas lui demanda :

— Mais que font ces couards d'hérétiques ? Qu'en penses-tu ?

— Je ne sais camarade. Je sais juste comme toi, comme vous tous, qu'ils n'ont reçu ravitaillement et que cela fait des jours que rien ne se passe. Toujours pas un bateau en vue en tout cas. Tout cela n'est ni bon signe pour eux ni pour Toiras et ses hommes. Si le cornard roux a décidé d'attaquer la ville, nous ne serons point de trop à nous inviter dans la mêlée.

— Encore mieux les gars, ajouta Tancrède. Nous les prendrons à revers ! S'ils ne nous ont pas repérés, ils vont se heurter aux murailles de Saint-Martin de Ré, et lorsqu'ils seront las, nous leur tomberons dessus par-derrière et ça s'en sera fini d'eux !

— Hein, hein, la manœuvre est finaude blondin ! Mais crois-moi, l'évêque en armure trouvera moyen de nous envoyer consignes. Il faut qu'on se tienne prêts à intervenir à tout moment !

Il tourna alors la tête vers l'intérieur de la cour du fort en levant un peu le ton par rapport aux échanges précédents, mais se gardant de gueuler comme il l'aurait fait en temps normal :

— À l'arme ! Tous ! Qu'on tienne les canons prêts à bouger et qu'on prépare les chevaux !

Un grondement muet parcourut la garnison.

— Et en silence, bande de bons à rien ! hurla Boniface alors.

Puis, se tournant vers nos deux compains :

— Vous qui êtes des gentilshommes, devez être bons cavaliers, n'est-il pas ?

— Certes, rétorquèrent-ils de concert !

— Allez choisir votre monture parmi la trentaine que l'on a réussi à nous faire passer car d'autres les prendront sinon avant vous !

Puis à l'adresse de tout le monde :

— Soyons prêts à béhourder les gars ! Armons-nous de fer et de patience !

Et sur ces mots, restant accroupi, il reprit les degrés de la coursive pour descendre, sans doute aller passer son harnois plein. Nos deux damoiseaux le suivirent.

•••

Effectivement, Buckingham avait mis le siège devant Ré en cette matinée du 6 novembre. Nos frères d'armes et d'amour étaient en harnois de guerre, sur de belles montures que l'on avait réussi à faire passer, comme eux, sur des barques, de nuit. Ils avaient couru aux écuries, comme Boniface le leur avait suggéré. Tancrède avait mis la main sur un hongre, proche du frison, à la robe noire. C'était ce que l'on eut appelé un destrier, un cheval lourd, utilisé surtout au Moyen-Âge pour le port des chevaliers, mais depuis la poudre, mis de côté au profit des équidés plus fins, hauts et rapides. Notre ami se demandait comment il avait pu ne point faire couler le rafiot qui l'avait conduit. Inutile de dire que l'on n'avait pu leur offrir des barbes ou pur-sang, et c'était bien ainsi. Nicolas, lui aussi, trônait sur la courte toise d'un cheval de trait, on aurait dit un ardennais, ce qui était assez intéressant, car race délaissée depuis des années et presque éteinte. Être en scelle sur ces héritiers de générations de vrais guerriers leur permettrait d'écraser tout ce qui se trouverait sur leur passage. Le manque de maniabilité et vitesse seraient leurs points faibles, mais cela irait, il le fallait.

Ils jouaient des rennes, des talons, avec des caresses et des paroles, pour contenir leurs montures. En effet, collés à leur semblable, au milieu de cette cour et de tout le monde qui y était présent, serrés comme jamais, n'attendant que l'ouverture de la porte pour aller sus à l'ennemi, ils commençaient à trouiller et à s'énerver. L'intérieur du fort était noir de soldats en fer, épées, lances, arquebuses, pistolets, canons et autres. C'était quand même miracle qu'en l'espace de quinze jours, plus précisément entre le 17 et le 30 octobre de cette année 1627, on eut pu faire passer du continent jusqu'au fort mais aussi au nez et à la barbe des Rochelais ou goddons, à peu près mille trois cents hommes, vingt chevaux et trois canons ! Tous les plans précédents, parfois aux accents désespérés ayant été lancés pour aider l'île de Ré n'avaient pas changé la situation mais là, ils avaient une belle chance ! Toute cette petite garnison avait discuté des choses et déduit de la situation que Georges de Villiers et ses six mille hommes, ne voyant pas de bateaux de ravitaillement arriver, avaient choisi de partir de l'île peut-être mais que son ego qu'il appelait honneur, lui faisait attaquer Saint-Martin de Ré une dernière fois, sûr de sa supériorité numérique et artilleuse, pour ne pas rentrer sur son île à lui, en vaincu. Il n'avait pas dit son dernier mot ! Ils avaient aussi déduit que forcément les attendait plus au nord de quelque flottille pour les ramener. La ville cible était en plein milieu du chemin. Tous en étaient à peu près sûrs mais dans les cas, on allait courir sus aux goddons !

•••

Énorme déflagration ! Puis une seconde, une troisième et à ne plus pouvoir les compter. Toujours à l'intérieur du bastion, le gros cheval de Tancrède se cabra avec un hennissement, comme presque tous ses congénères, effrayés par le vacarme et encore plus tendus qu'ils ne l'étaient déjà mais les cavaliers purent contraindre les chevaux sans grande difficulté. En effet, ces roncins, aux allures de chevaux de trait avaient porté à la bataille les chevaliers de leurs ancêtres pendant des centaines d'années. Ils avaient dans le sang la connaissance du bruit et de la guerre. Lancés à toute allure, l'impact d'un tel poids était assez phénoménal, faisant de gros dégâts. Tancrède regarda autour de lui l'immense foule si compactée que l'on eut cru que les parois du fort allaient exploser. Mais c'était un peu plus loin, au nord-ouest de leur position, devant la cité portuaire de Saint-Martin de Ré, la grande ville, que la canonnade avait commencé. Leur iraient-ils directement sus ? Ils avaient vu juste ! D'abord, fallait-il que l'on sorte de cette cage sinon les premiers navrés ne le seraient pas au combat mais en les murs. Quels étaient les ordres ? Y avait-il des ordres ? Qui commandait en fait ?

Un cavalier était encore pied à terre et faisait des gestes, criant, se frayant un chemin pour revenir sur ses pas. Il était crotté comme tout le monde mais reconnaissable à sa moustache devenue barbe drue, sa carrure et sa longue et épaisse rapière qui pendait à ses côtés. Celle-ci brillait, tintait au soleil, tant elle avait dû être affûtée et faite belle pour le combat. C'était notre ami Boniface qui avait l'air de diriger l'affaire, comme depuis le début, se disait notre damoiseau, ballotté sur son gros cheval bas par la vague des mouvements de la foule. Il pencha la tête à dextre pour savoir où était son compain. Il était juste à côté, sur son roncin, tout comme lui ayant un peu de mal à le contenir totalement. Nicolas avait d'ailleurs l'air de commencer à s'énerver car il rougissait et des volées de jurements avaient l'air de lui sortir de la bouche. Enfin, ils virent leur capitaine mettre le pied à l'étrier, tout en faisant de grands gestes à deux bougres en triste état, restés sur la coursive aux abords de l'entrée du bastion, qui disparurent ensuite, clopinant jusque dans les échauguettes. Sans doute, quelque malade ou blessé pour le moment exempté de bataille ! La herse commença à se lever et le portail pont-levis s'écrasa au-dessus du fossé. Le flux de ce qui était désormais une armée fut déversé, dans le grondement le plus contenu possible.

Tirant fortement ses rênes vers l'arrière pour enfoncer le mors dans la gencive du cheval, Tancrède tentait d'arrêter son destrier qui ne demandait qu'à filer au grand galop tout comme ses congénères. Mais là encore, serrant en plus ses cuisses et ses talons, il contint l'animal. Les cavaliers avaient été choisis bien sûr, selon leur maîtrise de l'équitation. L'armée était composée de loudiers, faits soldats à pieds.

La meute commençait à s'éparpiller lorsque Boniface, à grands coups d'éperons dans les flancs de son animal, réapparut à côté des deux amis en leur gueulant :

— Les gars se dispersent, il y a encore entre une à deux heures de marche, il faut discipliner tout ça ! Blondin tu t'occupes de regrouper les canons et les artilleurs. Il faudra vite les amener en position mais heureusement pas aussi loin que les murailles. Toi, le brun, tu t'occupes de la piétaille ! Fais charger les mousquets et pistolets, poudre au sec et sabre, dague, au ceinturon ! Je vous devancerai avec nos autres cavaliers !

Il tourna bride et partit. Tancrède et Nicolas se regardèrent, se firent un petit signe de tête qui valait mille mots puis talonnèrent chacun de son côté pour remplir la tâche qui lui avait été assignée. Ça canonnait sec au nord-ouest. Bientôt les échelles seraient jetées contre les murailles et les pièces d'artillerie seraient tournées vers eux, les goddons les ayant forcément repérés.

Tancrède encourageait à plein poumons ses gars qui, par cinq ou six poussaient les canons, en direction de la ville que l'on voyait et le grand essaim de goddons avant elle. Plus en avant, les piétons allaient d'un bon pas au combat, l'arme au poing ou sur l'épaule, tandis que les quelques cavaliers présents trottaient.

Après une quarantaine de minutes de randon, un cri de guerre venant du camp d'en face gronda. Cela faisait froid dans le dos car ils les avaient vus et étaient cinq à six fois plus nombreux. Mais Buckingham devait ce tantôt foirer, dans ses braies, voyant cette jolie troupe sortir de nulle part. Ah ça non il ne s'y attendait pas du tout le rouquin mais alors pas du tout et c'était en fait effectivement la panique qui se distillait au sein de son armée.

Tancrède avait eu raison quand il avait dit que les bombardes ennemies allaient changer de sens. Effectivement, elles s'étaient tues depuis un moment et l'on n'entendait plus que les cris des hommes sous et sur les murailles. Des encouragements à un compain ou des jurons à l'adresse de l'ennemi accompagnés d'un coup d'arquebuse dans sa direction devait-on entendre mais notre armée de sauveurs ne pouvait ouïr qu'un grondement sourd, poussé par un vent, empli d'odeur de brûlé, de poudre et déjà de sang. La distance n'était plus que d'une lieu (4,4 km) ou donc de deux mille toises et une de presque deux lieus pour Tancrède et son groupe qui étaient les plus lourds, donc forcément les derniers. Ils se débrouillaient bien avec leurs trois canons sur ce terrain plan. Le reste de l'armée les menait. Notre blondin détourna le regard de ses compères qui poussaient, pour le porter sur l'ost goddon et cela avait bougé. On voyait que les charrettes se remplissaient à nouveau, que les chevaux avaient tous été sortis, certains pour accueillir leur cavalier, d'autres pour tirer tout ce qui devait ou devrait dégager si le siège était levé mais on était encore très loin de cela. Les goddons étaient toujours en grande supériorité numérique et puissance de feu. Tancrède encouragea ses gars à redoubler d'ardeur car comme il lavait pressenti, effectivement, les artilleurs avaient changé les canons de place et leurs beaux chevaux de bataille avaient trouvé cavaliers. En effet, les dix équidés du fort La Prée avaient été pris sans doute dans les campagnes avoisinantes. Déjà que les hommes n'avaient pas grand-chose pour se nourrir, on n'allait pas sacrifier des bêtes de races mais prendre les chevaux de trait les plus proches, aux allures de destriers, qui formaient leur cavalerie. Tancrède chercha son ami du regard. Il le vit alors, coupant les rangs de ses piétons qui avaient forcé l'allure, en beuglant « Place ! Place ! ». Une douzaine de gars le suivait en courant.

— Nicolas ! Que me vaut cet honneur ? Nous faisons aussi vite que nous pouvons ! Du nerf les gars, du nerf !

Celui-ci se tourna vers les fantassins qui le suivaient :

— Allez les aider vous autres, il faut mettre ses canons à distance de tir ! Ils étaient désormais plus nombreux pour monter les bombardes. Ils avaient tous deux compris ce qui se préparait. L'artillerie adverse était déjà prête à tirer, en tout cas dès qu'ils seraient à portée alors que du côté de Tancrède, il allait falloir quelques bonnes minutes pour installer les pièces. D'autre part, ils seraient forcément visés en premier et enfin, côté hérétique, cela tirerait plus loin car canons de terre, de guerre contre petits mortiers de marine.

La distance entre les camps se réduisait et les goddons étaient pris entre deux feux. Toiras et ses quelques hommes avaient non seulement résisté, mais ils continuaient à leur envoyer sur la goule tout ce qui leur passait par la main ou plutôt ce qui leur restait, du haut des remparts, sans oublier eau croupie, cagade humaine pour infecter les plaies et balles d'arquebuses restantes.

Premier boum ! Il transperça l'air et le son. Un silence monacal s'ensuivit pour Tancrède, qui vit de quelle bouche à feu était parti le coup, étant donné le panaché de fumée. « On ne peut pas déjà être à portée de tir », se disait-il. Impossible, il y a facilement encore quatre cents toises (800 mètres) qui nous séparent. Non, le chef artificier doit se régler et sonder le vent. Où le boulet allait-il tomber ? Le temps lui parut une éternité jusqu'à ce que l'impact ait lieu. Une gerbe de poussière, terre, membres d'hommes, sang, boyaux, ferraille s'élevèrent dans les airs au niveau des premières lignes des piétons. Des hurlements avaient accompagné cette boule de mort qui retomba sur tout le monde, en cendre, sang, morceaux. C'était abominable, mais surtout, ils étaient à distance de frappe. Un hourra résonna dans le clan adverse, accompagné d'une bordée de cinq ou six autres coups. Il n'y avait nulle part où s'abriter. Parmi la piétaille, cela hurlait dans tous les sens. Le premier projectile avait laissé un trou béant dans le bataillon, duquel les cris des navrés parvenaient aux oreilles de Tancrède malgré la distance. Le peloton continuait à avancer, toujours avancer. Le cheval de notre chef artificier du jour commençait à avoir peur et il le faisait entendre. Le damoiseau dut fortement jouer des rênes et des talons pour maintenir le gros animal. Il avait besoin de galoper, cela tombait bien.

Boum ! Boum ! Tancrède leva les yeux, deux nuages de poussière s'étaient élevés devant. Ouf ! Trop court ! Deux boulets avaient explosé entre la cavalerie et les fantassins. Trois nouveaux boums, presque simultanés, nuages de fumée s'élevant dans les airs. Deux explosèrent sur la terre, sans toucher ni hommes ni les précieux canons. D'ailleurs, on n'était plus qu'à deux cents toises (400 mètres), donc à distance suffisante pour leur en envoyer plein la goule. Notre blondin allait dire à ses artilleurs de se mettre en place quand une autre détonation retentit et un nouveau panache monta dans les cieux. Celui-ci, un mélange rouge, couleur chair. Merdaille ! Sur les chevaux ! Hurlements abominables ! Il devait y avoir de la casse. Malgré la distance, Tancrède avait pu voir au moins un bras humain, une tête de cheval et une bouillie de viscères retomber alentour, donc sur les autres cavaliers. Tudieu, Nicolas !

Il fallait agir, mettre leurs bombardes en ordre de tir et charger avec ce qu'il restait de cavalerie.

— Installez les batteries, visez d'abord les bouches de feu ainsi que les chevaux, mais tirez sans relâche et visez juste ! Nos munitions sont courtes, tapez dans le mille ! Faites leur bouffer les couillons de leurs voisins ! hurla-t-il à ses artilleurs.

Ceux-ci, la rage aux lèvres, s'exécutèrent sans trembler, sans penser au fait qu'une fois les tirs ennemis ajustés, ils seraient les prochains à manger du plomb. Tancrède tourna sa bride avec force en labourant sans ménagement désormais, les flancs de son roncin qui partit dans un galop bien lourd. Il fallait rejoindre les cavaliers, s'assurer que son ami allait bien, lui qui était entre les deux contingents touchés. L'armée continuait à avancer, en discipline, mais bourrée d'une haine, d'une soif d'occire, qui n'avait été que décuplée par les premiers trépassés que l'on pouvait apercevoir, en bouillie, là où la foudre avait frappé.

Nouveau boum ! Venant de derrière cette fois-ci. Tancrède tourna la tête en continuant son galop et vit une de leurs trois bombardes qui fumait. « Bravo les gars », rugit-il, tout en reportant son regard vers l'armée adverse, essaim devenant de plus en plus désordonné. Il allait falloir charger au plus vite, même si avec moins de trente cavaliers maintenant, cela serait mission suicidaire. Il dépassait tous les soldats à pieds, à lourds et bruyants impacts de sabots, pour s'enchérir en tête de son ami et rejoindre la cavalerie. Il entendit derrière lui claquer deux fois. Les canons numéro deux et trois étaient opérationnels. Il ne vit pas la retombée d'un obus, qui avait certainement été mal réglé, mais vit du côté ennemi, entre les murailles et leur artillerie disposée en ligne, l'autre boulet venir exploser un groupe de goddons. Mon Dieu que me faites vous voir et encore plus, me faites-vous apprécier ? Un geyser, haut comme une tour, cracha à l'endroit de la frappe un mélange encore plus épouvantable que cela avait été de leur côté. Cette canonnade n'avait pas atteint sa véritable cible, mais cela était tombé proche et surtout avait fait des dégâts. « Pas mal, pour un petit canon », se dit notre cavalier, qui ne ralentissait pas son galop. Arrivant vers les premières lignes de l'infanterie et proche du lieu de l'explosion qui les avait touchés, il s'aperçut que tous avaient un genou au sol et préparaient leur tir d'arquebuse. Cela jouait de la baguette, corne à poudre, amorce coincée en bouche dans tous les sens.

Devant eux, un homme à cheval hurlait ses directives, longue rapière levée vers le ciel. Ouf, Nicolas ! Tancrède arrêta son destrier à côté de son ami et lui articula :

— Merci Seigneur, tu es en vie !

— Allons faire taire ces canons, rétorqua-t-il, la hure rouge sang, déjà dégoulinante de sueur, poussiéreuse et même débris humains.

Merdaille, il n'était sans doute pas loin de là où cela avait sauté. Tancrède, aussi énervé, lui dit juste :

— On rejoint Boniface et sus aux goddons !

Les deux compains retalonnèrent leurs bêtes pendant qu'une nouvelle salve d'obus partit de chaque côté. Il fallait galoper et en écraser un maximum !

Boniface était en fait juste là un peu plus loin, essayant de mettre en petite ligne les troupes montées, aidé par son immense épée, qui donnait les directions. Il leur écria :

— Sus, les gars, et oncques ne rebrousse !

Il leva son allumelle vers le ciel pour signaler aux autres qu'on allait piquer !

Tancrède et Nicolas se regardèrent, simplement, comme à de nombreuses reprises. Ce regard valait cent palabres ! Puis, ils sortirent tous deux d'abord un pistolet de leurs fontes, c'est ainsi qu'ils l'avaient convenu. À un contre six, il fallait en envoyer un maximum en enfer, donc d'abord mettre une balle dans une hure de goddon avant de sortir l'épée et de piétiner les autres et de renvoyer le rouquin à la mer. Ah, c'était assez de tuer nos hommes et d'occuper cette île. C'était une obsession maladive enfin ! Occire, vaincre, gagner cette bataille, puis celle de La Rochelle pour revoir son aimée. Que faisait-elle ? Allait-elle bien ? Avaient-ils encore à manger là-bas ? Non, non, Tancrède ne pense pas à ça ! Concentre-toi, talonne, talonne ! Plusieurs détonations retentirent, mais nos gars étaient déjà lancés au galop, au côté de Boniface, parmi les autres cavaliers !

Ouf ! Il n'était pas passé loin celui-là ! Nos trois hommes avaient baissé la tête sur l'encolure de leur bête, ayant senti un obus presque leur raser la tonsure ! Regard en arrière, nouveau vol dans les airs à plusieurs toises de haut de plusieurs fantassins qui achevaient le chargement de leur arquebuse. Là encore, des compains étaient redevenus poussière en un geyser de bouillie immonde, rouge, mélange de tripailles et membres arrachés. Quelle affreuse image notre blondin venait-il d'avoir ! Une tête arrachée avait sauté au-dessus du reste. Elle avait un sourire aux lèvres, les yeux grands ouverts et semblait le regarder. Abominable ! Nouvelle déflagration mais dans l'autre camp. Noel ! Noel ! C'était un canon goddon et ses artilleurs cette fois, qui dansaient dans les airs. « Bravo les gars », se disait Tancrède tout en levant le chien de son grand pistolet aux allures de clairon.

Ça galopait sec, à grands coups de sabots. Plus que cent mètres et ils seraient sur eux. La piétaille goddone était agenouillée sur un premier rang. Claquement uniforme de coups de feu puis nuage de fumée. Ils avaient envoyé leur bordée ! Tancrède ainsi que Nicolas et Boniface étaient toujours sur leur monture. Ouf, pas touchés ! Derrière, hennissements, choc, cris ! Un cheval glissant sur le ventre, percé par une balle en pleine encolure, entraînant son cavalier avec lui au sol dans un lourd fracas. Terre, sang, poussière dans les airs, encore. Nouveaux chocs, nouveaux cris ! Autres cavaliers mordant la poussière certainement, mais on arrivait à portée de tir. Tancrède entendit en même temps qu'il regardait à sa dextre, la balle tirée par Nicolas à bout portant. Ce dernier jeta l'arme devenue inutile et dégaina sa rapière en une fraction de seconde. Notre damoiseau tendit son bras, visa droit devant lui sans chercher plus ! Les bougres étaient si proches les uns des autres, un aveugle aurait fait mouche. Son coup partit et il vit en un éclair la hure d'un bougre éclater. Mat, un de moins ! À peine sa lame avait elle vu le jour que son destrier heurta avec fracas la ligne de soldats goddons. Nicolas et Boniface étaient à son niveau, explosant avec lui, tout sur leur passage. Les autres cavaliers suivaient. Les fantassins adverses n'avaient ni lances ni épieux pour arrêter leur course. La mêlée fut totale. Tancrède avait écrasé au moins trois ou quatre ennemis avant que son allure ne fût freinée par la résistance de ces corps. Il tourna bride légèrement et commença à piquer, tailler, trancher tout ce qui était sous lui, presque au hasard tant il y avait à faire. Ses compères faisaient de même. Il entrevit plusieurs d'entre eux mordre la poussière. L'un arrêté net par un huron qui avait pris son arquebuse par le canon, comme un gourdin. Celui-ci fut éjecté de sa monture ayant pris le coup en plein estomac. Il fut lynché au sol.

— Tiens prends ça dans ta goule, cornard ! gueulait Nicolas en fendant le crâne d'un goddon, qui s'ouvrit comme un livre dans une gerbe de sang.

Tancrède se tailla un chemin jusqu'à lui, à coups de sabots et de lame. Ses oreilles bourdonnaient. Coups de canons, d'arquebuses, hurlements, sang, terre, viscères mais aussi cagade et pissat, emplissaient l'atmosphère. C'était une boucherie, mais il ne fallait pas rester là sous peine de vider les arçons et de se faire massacrer à terre. Pauvres gars ! C'était le cas de plusieurs de leurs compères, arrachés de leur selle et mis à mort parfois par jusqu'à dix goddons en même temps les transperçant de toutes parts en riant, s'esclaffant !

Comme leurs aïeux à Azincourt qui se battaient nus comme des vers, car touchés par le feu de Saint-Antoine et qui ouvraient les ventailles des bassinets des seigneurs cloués au sol pour leur caguer sur la hure. Leur bestialité et lâcheté étaient sans limite. Tudieu il fallait les aider, mais c'était impossible, il finirait comme ses frères d'armes encagué et occis par des hurons aux culs nus, même pas dignes du gibet ! Tout en envoyant ces enfants de follieuses en enfer à grands coups d'épée, nos trois hommes toujours sur leur monture, couverts de sang et de crottât, se délectèrent de voir un groupe de ces lâches qui s'acharnaient sur le corps en bouillie d'un des leurs, alors qu'il n'était pas encore mat, exploser en petits morceaux, frappés par un boulet. Dans vos goules, fils de Bélial !

Il fallait se dégager et retourner dans l'ost. La manœuvre avait fait son effet, les goddons étaient désorientés, la surprise avait dû être de taille pour ce vilain rouquin. Entre un coup de la garde de son épée assenée sur le haut du crâne d'un ennemi, et un taillant vertical de celle-ci sur le bras d'un autre qui le sectionna presque entièrement, notre damoiseau vit quelques toises plus loin, un homme ostensiblement vêtu, à cheval, donnant des directives désarticulées, coiffé d'un chapeau à plumes d'autruche. Chevelure frisée rousse et moustaches de la même couleur. Tudieu, forcément George de Villiers. Tancrède saisit son pistolet restant dans la deuxième fonte de sa selle et visa l'intéressé du bras senestre, tout en hurlant :

— Chien de goddon ! Même pas à la mer, mais en enfer !

Et sur ce, il pressa la détente. En même temps qu'il s'aperçut que le coup était parti en l'air, il sentit une douleur abominable, un feu intense lui brûler le flanc dextre. Merdaille ! Touché ! Une pique ressemblant à une hallebarde l'avait transpercé à la hanche. Il poussa un cri et vit à son côté en feu, la longue lance plantée. Pour le moment pas profondément à première vue, mais cela pouvait changer. Au bout de celle-ci, un goddon en haillons à la tête de mort décharnée, grimaçait. Il avait la bouche ouverte de satisfaction et forçait pour enfoncer. Par réflexe, de son bras senestre libre, il saisit le bout de la hampe en bois là où elle était plantée pour ne pas que cela rentre encore plus. La douleur était abominable, il était en feu. En plus, impossible de se dégager dans cette mêlée tant on était les uns sur les autres. De son épée tenue par l'autre main, il assenait des taillants à destination du cornard mais le manche adverse était trop long et il frappait dans le vent. Cela commençait à sentir mauvais, d'autant plus que deux autres ennemis s'étaient rués sur lui pour tenter de le désarçonner. Son gros cheval, qui paniquait dans cette presse, eut alors un réflexe de cheval templier, qui aurait fait gloire à ses ancêtres. Lourdement, mais avec toute la force que lui donnait sa masse, il se cabra en envoyant une ruade de sabots avants.

Les deux hurons furent éjectés avec violence, l'un ayant pris un fer en pleine mâchoire et l'autre éjecté vers l'arrière. Un peu plus d'espace s'était fait autour de notre Tancrède. Ouf, se dit-il tout en continuant à grimacer tant il avait mal. Le fer était toujours planté dans sa chair quand son destrier eut remis les pattes au sol, avec les hennissements et bruits si caractéristiques d'un équidé en colère. Tancrède était toujours accroché au bois qui l'avait navré, serrant fort rênes et cuisses autour des flancs de son sauveur. Quel grand cheval ! Celui-ci se cabra de nouveau en faisant presque un quart de tour à dextre. La place se fit encore un peu plus et miracle, la lance craqua en deux. Notre blondin saisit de nouveau la pointe en lui et mécaniquement, l'ôta de sa chair en poussant un cri de souffrance, mais salvateur. Il sentait que ça pissait le sang. C'était effectivement ce qu'il y avait à craindre, que cela n'aggrave la navrure davantage même pire ! Pour le moment, il n'en était rien et il allait pouvoir s'occuper de ce cornard, qui se trouvait à sa portée, avec simplement ce qui restait de sa hallebarde et qui ressemblait désormais à un manche à balai. Quelques coups de talons firent avancer ce destrier qui était en fait un don du Ciel jusqu'à lui, qui prit un ahan de la rapière déjà rouge de son cavalier, du haut vers le bas, ce qui lui sectionna en partie un des bras. Le cornard beugla à la mort d'un cri de bête. Le morceau de membre coupé, avec sa main toujours serrée contre le bois, n'était retenu au reste du corps que par quelques veines, tendons et un peu de peau. La goule du goddon transie d'effroi et de mal était encore plus pathétique. Un nouveau coup d'épée vint définitivement séparer le bras déjà au sol. Le bougre hurla de plus belle, son autre main s'accrochant au moignon, coupé non proprement, donc laissant voir tout ce qu'il y avait dedans et faisant jaillir des flots de sang. Notre damoiseau au flanc percé voulut le terminer, mais il entendit, malgré le tumulte de cette boucherie, une voix lui crier :

— Laisse-le souffrir et battons en retraite sinon nous sommes mâts. Le travail est fait !

C'était Boniface qui s'était taillé à grands coups de sabre, une place proche de lui. Nicolas suivait et tous deux étaient aussi encore sur leur monture, couverts de sang. Il avait raison, il fallait déguerpir au plus vite. Les trois hommes firent tourner leurs chevaux. Celui de notre blessé envoya au passage un coup de sabot au mutilé, dont les cris s'arrêtèrent net, la mâchoire broyée par ce dernier coup. « Prie pour mourir vite, bâtard, parce que tu vas souffrir dans cet état ». Derniers coups d'épées données d'un côté puis de l'autre et nos amis filèrent au grand galop vers leurs lignes. Tancrède caressait l'encolure de son roncin, qui lui avait par deux fois sauvé la vie en lui disant « merci mon ami, merci ». Ils furent vite parmi les leurs.

La canonnade et mitraille s'étaient tues. Nous étions l'après-midi du 6 novembre et le dernier stratagème imaginé par le grand Cardinal avait cette fois-ci bien fonctionné.

•••

Nos amis, qui étaient désormais trois avaient rejoint leurs compères et tous s'étaient retranchés, hors de la portée du feu goddon. Ils furent accueillis par des hourras alors qu'il n'y avait pas de quoi, pensait alors Tancrède. Sur les trente cavaliers ayant chargé, à peine la moitié était de retour. Sur les fantassins engagés, la première vague avait été décimée, décourageant les suivantes. Il y avait quand même eu beaucoup de morts, surtout dans la cavalerie. Cela n'avait pas été de la bravoure, mais du suicide pur. Néanmoins, cette attaque et apparitions surprises avaient suffi à convaincre Buckingham de partir pour de bon, semblait-il. Son armée commençait déjà à lever le siège au même moment. On pouvait voir ses hommes s'affairer à plier bagage. Nos envoyés du fort La Prée avaient, mine de rien, gagné cette bataille, bien aidés par Toiras et sa garnison, qui devaient être à bout de forces. Entre la faim, la soif, les navrures, la maladie et surtout la résistance aux goddons, c'était tout simplement héroïque ! Quel homme que ce Toiras était quand même !

Le soir du 6 novembre, Buckingham et son armée étaient partis. La jonction entre les gars de La Prée et ceux de Saint-Martin avait été faite. La délivrance fut immense pour tous ces braves soldats de se retrouver d'abord, puis de savoir enfin l'envahisseur en route pour chez lui. Boniface en cette nuitée, était à Saint-Martin avec Toiras, mais Tancrède et Nicolas avaient préféré rester dans le fort pour se soigner. Ils étaient las, très las, maculés de sang et autres débris humains ou terrestres mais en vie. Notre blondin était blessé mais sa vie n'était pas en danger. Il fallait cependant cautériser au fer rougi pour ne pas que cela s'infecte. Leur ange gardien de vétéran à la grosse moustache leur avait envoyé un de ces gars qui connaissait la besogne. Un homme qui savait faire cela, avait l'expérience du combat sans aucun doute, ce pourquoi nos amis virent un vétéran leur rendre visite en l'espace de tranquillité qu'ils avaient aménagé, dans la même tour par laquelle ils étaient rentrés. Heureusement que désormais, ne pas faire bruit n'était plus consigne car malgré toute l'eau-de-vie que l'on lui donnât, la douleur du feu sur sa plaie le fit hurler comme une donzelle. Il s'écroula, pour ne plus rouvrir les yeux que le lendemain matin, son fidèle compagnon le veillant à ses côtés. Les cauchemars abominables qui lui étaient venus étaient-ils dus à la fièvre ou alors était-ce de mauvais augure ? La tête coupée sur le champ de bataille avait continué à lui faire des sourires toute la nuit.

Au matin du 8 novembre, notre blessé se réveilla en se sentant mieux. Il avait dormi, d'un sommeil entrecoupé de crises, pendant deux nuits et un jour, mais il ne le savait pas. Sa plaie n'avait pas été infectée, aucun abcès ou kyste n'étaient apparus, sa fièvre était partie, tout avait l'air en ordre. À l'exception d'une chose qui le fit se mettre sur ses pieds en une fraction de seconde. Nicolas n'était pas là et c'était bien la première fois depuis le combat terrible deux jours plus tôt. Tancrède était donc debout, il sentait quand même son flanc dextre le cuire. Le feu du fer rougi avait cautérisé la navrure, mais celle-ci avait quand même marqué notre damoiseau dans sa chair, et aussi dans son esprit. La folie qui lui était venue avec la fièvre l'avait transporté dans d'atroces songeries. Il avait vu Anne, son Anne jongler avec la tête tranchée de la bataille. Celle-ci continuait de le fixer en souriant, dans un flot vermillon. Ensuite, un grand corbeau noir lui parlant avec la voix d'Armand le mousquetaire, lui annonçant mauvais présage. Qu'était-il devenu, lui, au fait ? N'y pense plus, où est Nicolas ? Où est son si fidèle ami ? Il savait que les fontaines de sang n'avaient pas fini de jaillir. Il ouït le claquement des marches montées quatre à quatre et reconnut aussitôt le pas de Nicolas. Merci Seigneur, il était là ! Des clameurs accompagnées du boucan des soldats, cliquetis, charrettes qui roulent, chevaux hennissants, provenaient de l'extérieur. Du mouvement, beaucoup de mouvement ! Ses tympans avaient récupéré de l'assourdissante canonnade vécue. Il voulut jeter un œil par une meurtrière pour se mettre aux faits de ce qu'il se passait. Cela faisait-il longtemps qu'il avait dormi ? Plusieurs jours ? La situation avait-elle encore tourné ? Avec une boule dans le cœur, il s'avançait vers l'ouverture dans la muraille, quand l'arrivée de Nicolas détourna son attention. Il apparut sur le seuil de l'huy, essoufflé mais le sourire aux lèvres. Tancrède sourit à son tour et tous deux dirent exactement en même temps :

—Dieu soit loué, tu es là !

Les amis rigolèrent, ce qui provoqua une quinte de toux pour notre blessé. Heureusement, celle-ci s'estompa rapidement. Il rassura Nicolas :

— N'aie crainte, tout va bien, le rire sollicite mon flanc, mais tout va bien et je te dois la vie. Comment pourrais-je te remercier un jour ? Tu m'as sauvé la peau, je regracie Dieu de m'avoir fait croiser ton chemin.

Il avait les larmes aux yeux.

— Nous verrons cela plus tard, compain, il y a du neuf, tu ne devineras jamais !

— Raconte ! répondit Tancrède.

— Eh bien, tu te doutes que la jonction s'est faite entre nous autres et les gars de Toiras dans la ville, commença Nicolas qui avait l'air excité comme rarement.

— J'imagine, oui et nous allons les retrouver aussi, rétorqua notre blondin, une main sur son flanc dextre et l'autre reprenant ses bonnes habitudes en tournicotant les poils de son menton.

— Oui mon frère, mais ils ne sont pas les seuls que nous allons retrouver. Figure-toi que notre autre chef, Schomberg, a débarqué ce matin avec l'ost royal sur l'île, dans l'anse de Chauveau, non loin d'ici. Et ils sont en nombre mon ami ! Haha nous allons pouvoir chasser Buckingham cette fois ! jubilait-il.

— Donc, c'est quand même grâce à nous que le rouquin a levé le siège non ?

— Mais oui, mon Tancrède ! Paraît-il qu'ils sont en route pour Loix, un peu plus au nord, afin de reprendre la mer. Crois-moi, Toiras veut sa peau. Il ne le laissera pas décamper aussi aisément ! Tu entends ? Ça, c'est l'armée qui est là ! Haha, m'est avis qu'on va revoir ces couards encore plus vite que je ne le croyais. Prenons nos paquetages et allons les rejoindre.

Nicolas y voyait une délectation. Tancrède avait, sans le vouloir, serré les mâchoires. Lui y voyait sa revanche !

•••

L'île de Ré était composée d'un premier territoire principal, là où étaient nos amis, puis d'une sorte de presqu'île tout au nord. Loix était sur une autre toute petite presqu'île, séparée du morceau principal par des marais et marécages. C'était là que nos deux chefs avaient conjointement décidé de frapper. L'armée de Buckingham se déplaçait avec lenteur, chargée de charrues, chevaux en nombre, blessés, malades et autres ralentisseurs. Sa progression devint même presque nulle lorsqu'elle atteignit la zone qu'il fallait traverser, vers l'est, pour atteindre Loix, où au mouillage, devaient déjà se trouver les navires venus les ramener chez eux. Ils pensaient partir en vaincus certes, mais gentiment, en vie. Il n'en serait rien ! Tout le monde avait une raison personnelle de se venger de George de Villiers, rouquin goddon et duc de Buckingham. Le Cardinal en avait passé des nuits blanches, l'île de Ré lui sortait par les narines. Elle était collée à sa moustache, l'empêchant de la filer comme il l'aimait. La garder, donc conserver l'avantage sur La Rochelle, qui était la clé de tout, politique, guerres, alliances et religions le hantait depuis des semaines. Nous l'avons déjà dit, son Éminence avait compris depuis fort longtemps que l'intérêt de la France, c'était celui du Roi et donc le sien. Réaffirmer le pouvoir royal sur cette ville hérétique, autoproclamée indépendante, recevant l'aide de l'Angleterre et bientôt celle des Flandres, était donc vital ! De plus, Buckingham avait fait un affront au Roi personnellement en courtisant la reine. Rappelons à notre lecteur que le rouquin avait été chassé de la cour de France, perdant ainsi la légitimité de son statut d'ambassadeur. Celui qui était assez imbu de lui-même pour penser pouvoir faire cornard le Roi de France s'était en plus octroyé un dernier coup d'éclat, disant qu'il reviendrait en France mais à la tête d'une armée. Il l'avait fait, ce fou ! Mais les deux, même les trois premières personnalités de l'État n'étaient pas les seuls à avoir une bonne raison de lui en vouloir. Tenez, les généraux avaient perdu beaucoup d'hommes et avaient été obligés de remettre à plus tard leurs grandes victoires rêvées pour aller s'étriper avec des archers cul nus sur une petite île, et crevant de faim par la même occasion. On était loin de la campagne prévue et donc des honneurs pour Toiras et Schomberg. Toiras avait perdu son frère dans la boucherie de Sablanceaux, tombé sous les boulets cachés du goddon. Toute l'armée avait perdu un proche, un compain dans cette guerre dans la guerre ! Tout le monde voulait sa peau ! Il ne rentrerait pas chez lui aussi aisément, pensait Tancrède, qui lui aussi, avait une rage gigantesque contre ce cuistre. Il avait failli voir partir, d'abord son meilleur ami, ensuite sa propre vie. Ce qu'il ne savait alors pas, c'est que cette poursuite allait changer son existence à jamais. Nos deux amis se retrouvèrent donc dans l'armée royale, qui commandée par Schomberg, coursa le rouquin. L'ost marcha, Tancrède, Nicolas, Boniface et des milliers d'hommes dans ses rangs, vers le nord.

Lorsque l'ost de Villiers s'approcha de Loix, on sut où la bataille aurait lieu. Nos amis n'étaient pas redescendus de leur soif de vengeance, de mort. Cette dernière les avait bien changés. Le corps las, leur tête ne marchait que pour férir du goddon. Ces mêmes goddons, avaient bien préparé le chemin de leur fuite et ce depuis fort longtemps. En fait, ils avaient construit leur voie de sortie. Un remblai avait été bâti sur une digue de marais entre septembre et octobre 1627, pour assurer le repli des troupes vers la fosse de Loix. Ils pourraient ainsi mousqueter à loisir les troupes du Roi ou celles du Cardinal, c'est comme on l'entend, de derrière cette véritable muraille défensive. La zone était couverte de marais salants exploités par les hurons rétais. On appelait cette contrée le domaine de la Davière et outre les marécages, des bâtiments, fermes, étaient présents. Les ingénieurs goddons avaient projeté d'utiliser ces ressources pour leur guerpissement. Le bâtiment principal en était la place forte de la Davière, une grande bâtisse fortifiée huguenote avec son mur d'enceinte, que les goddons occupaient. Visible de cette forteresse miniature, l'on pouvait voir un tout petit pont flottant en bois, qui enjambait de biais le chenal et permettait d'accéder aux retranchements précédemment cités. Nos amis ne savaient cela et encore moins que cette « villa Daviera » deviendrait pour eux, comme pour les deux camps, la maison de l'horreur, l'enfer sur terre.

Ce fut le summum de l'abominable, de l'homme dans ce qu'il y avait de pire ! Ils en seraient marqués jusqu'à la fin de leurs jours, y ayant perdu leur âme. En massacrant de bon cœur, sans aucune pitié, sans aucune compassion pour la vie humaine, Tancrède devint quelque temps un autre homme. Quant à son ami Nicolas, il devint le stéréotype barbare, démoniaque de lui-même. Voilà l'affaire :

La tête de colonne de l'armée goddone se dirigeait donc vers Loix. Deux bataillons, menés par le colonel Sir Edward Conway, Sir Peregrine Barty et Sir Henery Spry, traversèrent le fameux petit pont, étroit, en bois, encore plus rustique qu'un ouvrage militaire temporaire. Des rondins de bois attachés avec de vils et simples cordes. Derrière celui-ci, se trouvent la place forte dite « maison de la Davière », qui est leur protectrice et le remblai sur la digue qui est la dernière ligne droite avant le rez du retour. Un autre régiment, mené par le colonel Sir Charles Rich s'apprêtait à passer le pont avec quatre canons et deux autres bataillons derrière.

Le Maréchal de Schomberg, ayant traversé le village de La Couarde, avait été informé de la position adverse. Le pont, à cause de son étroitesse ne pouvait laisser passer que quelques soldats à la fois. Jugeant le moment opportun, le maréchal ordonna au capitaine de Bussi-Lamet de charger l'arrière-garde anglaise avec son escadron. Ce capitaine était suivi de près par Marillac et Schomberg lui-même, à la tête du reste de la cavalerie. Les cavaliers de l'arrière-garde britannique ripostèrent, mais en vain. Une grande majorité des goddons fut tout bonnement massacrée, dont Sir William Cunningham, un noble accompagnant du rouquin et d'autres furent capturés comme Milord Montjoy Blount. Leur infanterie intervint alors, mais finit par être écrasée aussi. Deux régiments de la piétaille française, celui de Piémont alors commandé par François du Val de Fontenay-Mareuil, ainsi que celui de Champagne alors commandé par Pierre Arnaud et dans lequel se trouvaient nos trois compains, arrivèrent dans la mêlée. Comme les goddons ne pouvaient ni avancer ni reculer, ils ont été poussés violemment dans les fossés boueux et vaseux alentour, ainsi que les marais salants qui appartenaient aussi au domaine de la Davière. Ce fut une véritable boucherie ! Il n'y eut plus qu'à exécuter l'ennemi, pris au piège dans les marécages, ne pouvant bouger, comme dans un sable mouvant. Nicolas et Tancrède coupèrent, tranchèrent, assommèrent, comme des machines assoiffées de revanche et de sang. Boniface fut occis d'une balle en pleine hure, ce qui décupla leur haine. Le peu d'âme humaine qui leur restait alors s'était évanoui avec la perte du Gascon, avec qui ils étaient devenus de véritables amis.

Notre blondin vit cela presque en spectateur de lui-même, comme dans un rêve alors que Nicolas, rouge de rage, avait l'air de le vivre consciemment. Des bougres par dizaines, coincés dans la boue, appelant leur mère, furent exterminés par nos amis et leurs semblables. Comme une sorte de revanche d'Azincourt, où leurs aïeux avaient été imbriqués les uns sur les autres, à cause de la boue et des épieux du roi Édouard III. Les archers goddons, nus, car encaguadés, ayant reçu l'ordre de ne faire aucuns prisonniers, torturés par la faim, se promenèrent le long de cette barricade d'hommes et de chevaux, pour occire sans aucune pitié et en les moquant, tous les Français, peu importe leur rang.

Deux bataillons goddons en avant du pont furent coupés en rondelles. Des huguenots rochelais volontaires parvinrent à traverser le pont, mais les Français s'y engagèrent, tuant tout sur leur passage, notamment Sir Charles Rich et Sir Alexander Brett, encore des nobles accompagnants de cette expédition. De nouveau, nos amis étaient en première ligne. Pas le temps de pleurer leur ami, bien au contraire, il fallait poursuivre le carnage, la vengeance. Tous devaient y passer ! Le combat dura deux heures et fut une hécatombe.

L'armée adverse était en débandade, la chaussée de Loix couverte de cadavres, les fossés remplis de chevaux et d'hommes qu'on assommait dans la boue. Toujours ces pauvres goddons ensevelis, criant qu'ils étaient catholiques en brandissant des chapelets et demandant grâce, mais Tancrède, Nicolas, et leurs compagnons, devenus des bêtes féroces, continuaient la tuerie. Il y avait même des grands parmi eux comme le marquis d'Annonay, Charles de Lévis-Ventadour, Antoine d'Aumont de Rochebaron, le chevalier de Chappe et son frère, et bien d'autres. Toiras lui-même se battait, rapière au poing. Les soldats se répandaient de tous les côtés, dans les marais, sur les sentiers des fossés, dans les vignobles, toujours sous le feu meurtrier des troupes françaises qui les coursaient sans merci.

Nous avions dit ce tantôt au lecteur que l'on était arrivé au summum de la barbarie mais cela n'était pas encore l'apogée, qui eut lieu dans cette maison, place forte, bâtisse, qu'était la Villa Daviera. Tous les goddons qui avaient réussi à passer le pont cherchaient à y entrer, y être protégé par ses murailles et même riposter, tout sauf finir comme leurs semblables, noyés dans la boue et écrabouillés sous les armes des soldats à la fleur de lys. Ce lieu devint un piège mortel. Tel Guesclin en Espagne à Nareja ou Simont de Montfort contre les Albigeois, Nicolas, Tancrède, leurs comparses, leurs chefs, y arrivèrent et se délectèrent de faire en sorte que plus personne n'y entre, mais aussi surtout que personne n'en sorte ! La boucherie fut totale ! En peu de temps, tout l'intérieur, l'extérieur, les abords du bâtiment furent repavés de cadavres. Nos damoiseaux devenus Néron ou Vlad l'empaleur, étaient parmi les premiers. Tancrède avait le tournis et tuait les goddons par grappes. Quelle atroce vision que tous ces bougres pris au piège, qui ne pouvaient bouger, qui s'étouffaient les uns sur les autres et notre blondin qui piquait, tranchait, assommait, asphyxiait des deux mains sans un sourcil ni une émotion mais simplement l'œil noir comme la mort. Nicolas, lui courait comme un enfant, de porte en porte. De pièce en pièce, pour passer par le fil de l'épée ou autre, toute âme qui vive en les murs. Une fois cette longue bataille terminée, enfin, ce carnage, Schomberg, au milieu de cette zone assez vaste, sur laquelle pas le moindre pouce de terre n'était pas maculé par un corps, ordonna de s'arrêter, car la nuit tombait, et de garder le pont jusqu'à être assuré que tous les goddons eussent quitté l'île. La piste qui devait être leur sauf-conduit aurait pu être rebaptisée « horror via ». Quel effroi que devaient avoir eu ces goddons, poursuivis, pourchassés dans la fuite pour leur vie et exterminés. Il devait y avoir au bas mot trois mille cadavres ainsi que ceux de cinq cents chevaux. L'enfer sur terre.

La victoire et la revanche furent absolument totales, mais le spectacle était abominable. Le lendemain, on charria les corps de tous les massacrés à la mer, les autres coulèrent dans les marais. Tancrède et Nicolas étaient saufs et couverts de sang. Lorsque l'adrénaline fut redescendue, tous deux se rendirent compte de la folie meurtrière à laquelle ils avaient pris part. Tancrède tomba à genoux, mirant le champ de bataille qui allait en fait jusqu'à l'horizon dans toutes les directions :

— Seigneur, qu'ai-je donc fait ?

Les jours suivants, une part de l'ost resta sur l'île tandis que l'autre repartit sous les remparts de la ville. Les deux jouvenceaux n'échangèrent aucune parole, pas le moindre mot sur le rèze du retour. Ils avaient perdu une partie d'eux-mêmes sur cette maudite île. Le Cardinal, lui, dormit comme un nouveau-né pour la première fois depuis des semaines.

Aux abords proches de La Rochelle

Après être revenus sur le continent, ils avaient regagné le même pré que celui duquel ils étaient partis. Partis risquer leur vie, mais prendre celles d'autres encore plus. L'issu des guerres entre les États, mais aussi entre les fois, les alliances, la vie, la mort, l'avenir, tout était joué devant leurs yeux et avec leur concours. Que celui-ci avait été laid et qu'il avait gravé le cœur de nos jouvenceaux ! Ils s'étaient remis à se parler depuis leur retour au camp. Ils étaient, tous étaient las, marqués dans leur chair et dans leur cœur par la campagne de l'île de Ré. « C'était le rouquin qui l'avait cherché ! Oui, bien cherché ! Pourquoi diable s'était-il obstiné comme cela ? Il aurait pu rentrer gentiment cet abruti, pourquoi ne pas avoir lâché l'affaire enfin ? », disait Nicolas, lorsqu'ils remontèrent leur propre petit campement, toujours un peu à l'écart des autres, mais moins qu'avant. Plus personne ne se moquait d'eux désormais. Les grands trefs normalement bondés de joyeux hurons gueulards étaient à moitié vides et leurs occupants n'étaient plus désormais que des blessés ou des gars qui avaient maintenant l'œil changé comme nous l'avions déjà mentionné chez un des émissaires grandement meurtris rencontré avant le rèze de d'île. L'œil de celui qui a vu la mort.

Nos deux compains s'étaient rassurés comme ils avaient pu. Non, ce n'était pas leur faute. Ils n'avaient fait que suivre les ordres et sauver leur peau, ce fut entendu ainsi. Ils savaient au fond qu'ils avaient commis des actes abominables, indignes, qui étaient tout ce qu'ils méprisaient au plus haut point. Qu'est-ce qui les avait rendus fous comme ça ? Il fallut néanmoins retrouver le chemin de l'obéissance aux ordres. La campagne était bien loin d'être terminée et tous ces braves soldats n'avaient pas fini leur besogne, malgré le fait qu'ils l'aient tous moult voulu. Les premiers jours de retour en campement furent donc calmes. Nicolas aidait son ami à changer quotidiennement le pansement de sa navrure, tout en se gardant tous deux, de reparler de cet épisode. Ce même Nicolas que Tancrède entendait cauchemarder et pleurer à chaudes larmes la nuit. Mais heureusement, avec leur retour, étaient réapparues leurs pensées à leurs belles, l'espoir de les revoir ou plus précisément de voir le borgne florentin. Ils avaient trouvé par là le moyen de revenir à la vie, mais aussi de sauver la leur, car les manœuvres étaient loin d'être terminées pour leur régiment et pour eux-mêmes. La digue était presque achevée, le blocus quasi-total, mais il y avait encore tant à faire, à parfaire, pour que La Rochelle tombe ! Ce fut donc sans grande surprise que nos gars repartirent sur le terrain. Il fallait continuer à sauver sa peau et garder l'espoir de revoir son aimée. Il fallait définitivement asphyxier les huguenots, et la jetée devait être parfaitement hermétique.

Les architectes bâtisseurs avaient eu l'idée de fonder le formidable ouvrage, sur des navires coulés. Il y en avait eu vingt-neuf exactement ! Quel spectacle que cela avait été, que cela était, mine de rien, que cet immense champ de bataille. Il fallait voir ! Du côté terre, plus de vingt mille hommes ceinturant la ville, qui était aussi cerclée de forts ! Côté mer, tous ces bateaux, qu'ils soient militaires ou pour l'acheminement de vivres et matériaux formaient une armada grandiose ! La nuit, c'était encore plus impressionnant ! On eut pu croire que toute la baie était en feu, tant il y avait de torches pour éclairer les embarcations, qui étaient des dizaines et des dizaines. Sans compter tout le reste, les garnisons, les canons, les feux de camp et les grandes îles de Ré et d'Oléron, qui trônaient telles deux immenses sentinelles. Terrible souvenir que celle-ci pour nos deux jeunes gens !

Combien de temps ce maudit siège allait-il durer ? Là était la grande question ! Tudieu, ils n'avaient jamais été aussi proches de leurs aimées mais un monde les séparait. Les reverraient-ils ? Il fallait commencer par se battre pour survivre, le destin ferait le reste et le florentin trouverait forcément le moyen de les trouver. Pour le moment, ils repartirent en mission.

Nos deux acolytes, aidés par d'autres de leurs semblables, soldats du Roi, tenaient bon et ferme la palissade d'osier qu'il fallait avancer afin de couvrir les charpentiers, fèvres, maçons et autres, qui avaient été grassement payés, comme nous l'avons déjà dit, pour bâtir le formidable ouvrage qu'était la digue.

Un poids tomba sur la palissade au-dessus de lui ! Ouah, merdaille, cette pierre devait être bien lourde ! Les bougres avaient peu de soldats, canons et poudre, mais ils ne manquaient pas d'ardeur. Des bruits couraient aussi au sein de l'ost, on disait qu'ils ne se rendraient jamais et que comme les parfaits Albigeois à Montségur, ils se jetteraient au feu plutôt que de se rendre ou de s'abjurer ! On peut se battre contre des hommes, il est en revanche plus difficile de le faire contre une croyance.

Et encore un roc sur la goule ! La ventière de bois plia, les bras de nos comparses encaissèrent, tous comme ceux de leurs compagnons qui portaient aussi les tabliers au-devant des bâtisseurs. Heureusement qu'ils les protégeaient, car les hurons auraient été pulvérisés. Il fallait avancer, encore avancer, tenir bon. Ils étaient presque sous les remparts de la ville, proches de la porte Saint-Nicolas.

Les travailleurs devaient être escortés, afin qu'ils puissent avancer l'ouvrage de ce côté-ci de la baie également, à l'est de la ville, côté continent. On allait devoir passer juste au-dessous des murs du fort de Tadon, qui était rochelais, et canonnait les leurs en face. Le péril allait être immense ! Heureusement, leurs artificiers les protégeraient car la puissance de feu du fort de Coreille et de la batterie royale, en face, leur serait favorable. La traversée à découvert serait longue et dangereuse. Le bon point était qu'ils auraient normalement moins de chance qu'à présent de recevoir un boulet sur la tête car ils allaient passer presque sous les remparts du bastion adverse. Seul risque, une bordée de leurs propres canons dans la hure, ce qui arrivait fréquemment, mais il ne fallait pas y penser. Avancer, tenir fermement sur les bras et prier ! La porte Saint-Nicolas était là, fermée bien entendu. On entendait les défenseurs qui s'activaient sur les remparts. Certains tiraient leurs boulets, balles d'arquebuses ou balançaient par-dessus tout ce qu'ils avaient sous la main. Tous, et ce dans les deux camps, savaient que la confrontation directe était et serait rare. Le Cardinal voulait les faire crever de faim. Tancrède avançait avec Nicolas à ses côtés, comme toujours, et qui grognait :

— Merdaille de merdaille ! On nous donne vraiment les pires besognes ! Après les trous à rats et les assassinats, nous voilà gardiens de hurons ! Ah je n'ai pas survécu à Buckingham et son armée pour me faire occire pour ces culs-terreux d'ouvriers, ça, je te le dis, compain !

Notre blondin ressentit alors, comme à chaque souvenance ou évocation de la boucherie, une douleur de feu dans le poitrail et au flanc, à sa blessure qui s'était refermée, mais restait assez fraîche néanmoins. Il se reprit.

— Moi non plus, mais ces hurons, comme tu dis, sont la clé ! Plus vite la digue sera bâtie, plus nous serons tranquilles ! Et ceux d'en-haut n'aurons bientôt plus rien à nous jeter sur la goule.

Nos porteurs de palissades furent interrompus car une voix s'élevait :

— Salauds de huguenots ! Salauds de huguenots, j'aurai votre peau !

C'était un jeune soldat qui portait avec eux, un peu en arrière. Il tremblait. De malepeur, de rage, des deux. Ses dents claquaient. Tancrède l'invectiva :

— Courage garçon et économise ta salive, nous ne sommes pas encore rendus !

Le petit groupe de protection, composé de nos amis et d'une douzaine d'autres hommes du même régiment, portait donc des boucliers en bois et paille au-dessus de leurs têtes et le plus possible au-dessus de celles des bâtisseurs pour qu'ils arrivassent à leurs postes de chantier. C'était décidément une drôle de guerre, mais cette première partie de leur mission s'était achevée sans encombre.

Ils avaient dépassé la grande porte de la ville, mais étaient encore sous les remparts. À l'endroit le plus opportun, il allait falloir courir, presque chacun pour soi ce coup-ci, sous le feu croisé des canons, amis et ennemis, presque à découvert. Ils entendaient les jurons des loudiers défenseurs de la cité, qui n'y allaient pas de main morte. Une cuve d'eau bouillante tomba des remparts sur une autre troupe qui était devant eux. Les hurlements de leurs compères ébouillantés étaient glaçants, tandis que des hourras et rires s'élevaient en haut.

— Enfants de ribaudes ! Hérétiques ! Vous brûlerez tous en enfer !

C›était encore le garçonnet, sauf qu'il avait arrêté de porter et était désormais à genoux, comme possédé, un pistolet dans la main. Il était en train de jouer de la pierre à feu pour allumer la mèche.

— Hé bredin, reprends ta charge ! Et en plus tu vas te faire occire ! lui dit Nicolas, car nos deux amis avaient vu celui-ci faire.

— Cornards ! Hurons ! Ribauds ! Sodomites ! Le jeune scandait ce refrain d'insultes, comme démoniaque, en tremblant de tout son être. Il avait réussi à enflammer le lumignon et sortit à découvert de la maigre protection, faisant feu vers le haut, en direction de l'enceinte, presque à l'aveugle et en hurlant de plus belle. Le pauvre bougre avait perdu la boule ! Tancrède, Nicolas et le reste de la cohorte, qui étaient couverts par le toit de bois, n'entendirent aucun bruit faisant penser que quelqu'un avait été touché au-dessus. Il n'avait sans nul doute atteint personne. À l'inverse, ils ne pouvaient pas voir qu'au même moment, un loudier rochelais avait assisté lui aussi au spectacle offert par le jeune écervelé. Celui-ci avait saisi une grosse pierre carrée puis il la jeta à bas de toutes ses forces en direction du garçon. Les compagnons de ce dernier, dont nos damoiseaux, assistèrent alors à cette scène terrible. Tout guilleret qu'il était désormais d'avoir tiré son coup de pistolet et toujours dans un état second, il reçut le rocher en plein sur le haut du crâne, qui fut écrabouillé sous le poids du projectile. La cervelle jaillit et la hure du malheureux fut aplatie. Le reste du corps tomba au sol pitoyablement. Toute la petite unité eut les tripes retournées et les ouvriers, qui n'avaient pas l'habitude de la guerre, en furent pétrifiés. Cela fit son effet et tous se rangèrent soigneusement, sans un bruit et refroidis par ce qui venait de se produire. L'escadron reprit sa progression et passa donc sous les remparts du fort

Tadon, sans plus d'encombres. Cela canonnait pourtant sec au-dessus de leur goule.

Tancrède, qui menait, mis soudain le poing droit en l'air pour indiquer à tout le monde de s'arrêter.

En effet, il s'agissait maintenant de filer à découvert en direction du fort Coreille, qui tirait d'ailleurs de sacrées bordées. Tous les boulets avaient volé plus haut pour le moment, mais nos amis et leur troupe étaient loin d'être à l'abri.

— Compains ! Il va falloir traverser au bon moment, que personne ne bouge !

Cela grondait toujours dans tous les sens, le feu des batteries, les impacts, les détonations, c'était vraiment la guerre pleine et entière !

— Nous allons attendre que les canons des nôtres, en face, se taisent pour recharger, et courons tous le plus vite possible. Une fois à distance de ces murs, ce sont les boulets des huguenots qui nous guettent, il ne faudra pas s'arrêter, soyez prêts !

— On va se faire massacrer ! hurlait un charpentier à l'arrière, transi d'effroi. Tant, même, qu'il était en train de foirer dans ses braies, comme la coulée marron et boueuse qui lui collait le long des jambes l'attestait.

— Faites ce que nous, les soldats, vous dirons de faire et tout ira bien ! Pour le moment, nul ne bouge ! ordonna Nicolas. Attendons la prochaine accalmie et nous…

Il n'eut pas le temps de finir son propos qu'il fut littéralement projeté dans les airs ! Le souffle, accompagné d'un bruit de tonnerre l'avait, avec Tancrède, catapulté à plusieurs toises de là. Il mit plusieurs secondes à relever la tête, prise dans un étau. Sa vision était troublée par un mélange de poussière, de pierre et même de sang. Prenant appui sur ses mains, il se remit debout, non sans mal, et regarda autour de lui. Apercevoir son ami était son premier instinct. Ouf, il était là ! Tancrède titubait quelque peu, mais il était debout, noir de terre et comme lui, rendu hagard par l'explosion. Un boulet tiré par l'ost royal avait vraisemblablement touché la muraille non loin de leur position. Ils se trouvèrent bientôt l'un à côté de l'autre, dans une tempête de fumée. Des cris et hurlements remplacèrent vite les bourdonnements dans leurs oreilles. C'était un massacre ! Le projectile avait frappé le bas du rempart, provoquant un beau trou dans celui-ci. Les pierres avaient volé dans tous les sens, faisant des dégâts considérables dans leur troupe. Le sol était couvert de morceaux de corps, de chair, de viscères, de sang, dans une bouillie épouvantable. Là, un très jeune, meuglait de douleur, les deux mains portées sur son ventre pour essayer de rentrer ses intestins qui sortaient en serpentant.

Ici, un vieux compagnon expérimenté, sans aucune expression sur le visage, alors que les deux jambes arrachées ! Ce buste trônait sur ses moignons au milieu du carnage. L'obus avait aussi coupé une tête nette à son passage, c'était une vision d'horreur et devait rappeler à Tancrède une autre tête coupée quelque temps auparavant. Un miracle pour nos deux amis qu'ils soient encore en vie.

— On ne peut rien pour eux, foutons le camp !

— Malheur à tous ces pauvres bougres, les canons se taisent désormais ! Allez !

Les deux hommes, se courbant l'échine, coururent à grandes enjambées. Nicolas dit, tout en baissant la tête, alors que l'artillerie avait repris son labeur :

— Mais vers où ? Ah chiotte, nous serons mats avant d'avoir atteint toute cachette !

— Ferme ta goule et suis-moi, les ruines du Faubourg Tadon, c'est là qu'on va se planquer !

En effet, sur ce côté Est, en périphérie de la ville, parfaitement au milieu des lignes, entre le fort Tadon et la porte Saint-Nicolas, s'étiraient quelques baraques de loudiers, qui avaient été bien sûr désertées et semblaient plus un tas de ruines de ce que nos deux damoiseaux voyaient. Courant à grandes enjambées, ils trébuchaient sur les pierres, morceaux de bois ou autres débris laissés par les impacts de boulets, qui avaient jailli d'un côté comme de l'autre. Cette canonnade n'était qu'une étincelle dans le feu géant, terrestre comme maritime, qu'était devenue la baie de cette cité rebelle !

— Merdaille ça va reprendre, mire nos artilleurs là-bas ! cria Tancrède à son camarade entre deux souffles.

— On va en prendre plein la hure ! hurlait Nicolas.

Les canons reprenaient leur office en crachant leur feu. Les premiers boulets passaient bien au-dessus d'eux mais ils les entendaient vrombir, aussi bien que leur souffle dans cet effort pour sauver leur peau. Tous les projectiles n'allaient pas s'écrouler et faire leurs ravages toujours aussi loin, cela, Tancrède le savait parfaitement. Il avait vu les artificiers faire et connaissait la guerre. Le plan des généraux était d'isoler la ville ennemie de toutes parts. Il fallait donc que là où nos deux malheureux se trouvaient, fut pulvérisé, rayé de la carte. Les masures de ribauds qui faisaient le faubourg étaient déjà un tas de ruines enfumées mais cela n'était pas assez. Il fallait absolument arriver jusqu'à elles et s'y cacher, puis prendre le large vers la forêt, où ils ne seraient plus inquiétés. Mais d'abord les atteindre et ils en étaient encore à une vingtaine de toises, couverts de suie, de sueur, d'égratignures. Notre blondin cramoisi grogna, la gorge sèche, les poumons en feu à l'encontre de son ami :

— Courage compain, la première grange, droit devant, est pour nous ! Nous ne sommes plus loin !

— Oriabel je t'aime ! répondit celui-ci, voyant sa dernière heure arriver.

Plusieurs détonations consécutives retentirent et ils purent voir les pièces de leur armée en face qui avaient déchargé, un nuage les enveloppant au fur et à mesure. Cette vision en fut immédiatement, sèchement, subrepticement perturbée car un obus venait de tomber à leur dextre, pas très loin. L'impact avait soulevé une montagne de terre, poussière, rocs et boue, le champ avait été éventré. Le vacarme avait été épouvantable et leurs oreilles sifflaient à plein régime de nouveau. Ils avaient eu chaud !

— Merdaille pas loin celui-là !

C'était Tancrède qui avait accéléré encore, comme si son instinct de survie avait été décuplé par cette menace proche.

— Pardon Seigneur et au cul les canonniers ! Des deux camps ! répondit Nicolas dans un état second.

— Garde ton souffle pour les dernières toises et gardes espoir nous arrivons !

En effet, la grange, tout écroulée qu'elle était, approchait, il ne fallait pas faiblir. Les artilleurs ne ralentissaient pas non plus car cela crachait des deux côtés à tout va, le vacarme était assourdissant et les premiers boulets atterrissaient sur l'ancien bourg, réduisant encore davantage celui-ci en miettes. Leur vision se troublait, l'air devenait irrespirable, leur crâne explosait de l'intérieur, il fallait l'atteindre ! Tancrède entraperçut leur objectif à travers la brume et un grand trou devant celui-ci, à quelques toises. Cela était parfait, se jeter dedans à tout prix, voilà ce qu'il fallait !

— Mire le trou ! Saute dedans ! hurla-t-il à l'adresse de Nicolas, qui avait compris, en un coup d'œil désespéré.

Ils touchaient au but et s'apprêtaient à s'élancer lorsqu'un boulet frappa non loin avec une puissance terrible. Le souffle fut immense et nos amis purent bien le ressentir, car c'est ce dernier qui les aida même à atterrir dans le cratère voulu. Ils se retrouvèrent projetés au fond, la hure dans la boue, la terre, la pierre, le feu, quasiment côte à côte, en piteux état, mais en vie. Au-dessus d'eux, le feu continuait.

— Tu n'as rien compain ? gémit presque Tancrède en relevant sa goule noire avec peine, les membres lourds et douloureux.

— Juste le potron en feu, mais je crois que ça va, répondit l'intéressé, qui en effet, était cul nu, ses braies brûlées à cet endroit et la peau quelque peu rougie.

— Tudieu, on a eu chaud ! Restons ici tant que ça tonne, nous irons dans la grange si elle est encore debout ou ailleurs.

— Prie pour le moment qu'on n'en prenne pas un autre !

Ils ne bougèrent plus d'un pouce, chacun recroquevillé, comme si cette position instinctive et fœtale les protégerait ! La canonnade se poursuivit encore de longues minutes, ce qui leur parut interminable, et plusieurs projectiles frappèrent encore proches d'eux, mais sans les toucher. Ils tressaillaient à chaque impact, priant intérieurement pour ne pas que cela soit pour eux et qu'ils puissent revoir leurs douces. Puis, ils comprirent que les pièces d'artillerie avaient changé de cible car les explosions s'éloignaient, pour faire place, dans leur faubourg devenu tas de cendres, à un calme irréel après ce déluge de feu infernal. Tancrède remua pour la première fois depuis un moment, leva la tête vers son ami, qui en fit de même. Sans dire un mot, ils se levèrent avec moult précaution et bondirent en dehors de leur trou. Ils découvrirent alors ce qui avait été une grange ou plutôt une étable, éventrée, défigurée. Seul un angle, un coin de celle-ci était encore debout et couverte d'un morceau de toit. Les deux compères s'y enfoncèrent, cachés dans de la paille qui n'avait pas brûlé, transis de peur. Le jour commençait à baisser et leur attention aussi, la fatigue d'une aussi terrible journée ayant pris le dessus sur tout, si bien qu'ils s'endormirent.

•••

Tancrède ouvrit les yeux en sursaut, il venait d'entendre un bruit. Sans bouger, il promena les yeux autour de lui. Il faisait désormais nuit noire et le damoiseau mit même un peu de temps à se souvenir de l'endroit où ils étaient. Sa vision se faisant à l'obscurité, il vit une poutre, la paille, et se remémora. Il régnait dans leur grange un silence de mort mais il était sûr d'avoir entendu quelque chose. Tendant l'oreille, la main glissant lentement vers l'arme la plus courte, que l'on appelait main gauche, pendue à son ceinturon, il scrutait les ténèbres mais aucun son ne se répéta. Tancrède se dit que cela devait être le vent et replongea la tête dans la paille qui les abritait, depuis un moment déjà. Son compère à côté, dormait comme un bienheureux, ronflant et bavant allègrement. Ses paupières se refermèrent, la fatigue de la journée passée refaisant surface et l'endolorissement de ses membres le reprenant. Tout d'un coup, un cliquetis rompit le silence puis un second, un troisième et des voix basses. Il se raidit de tout son long ! D'une telle malepeur qu'il fut à deux doigts de souiller ses braies. Ses yeux étaient écarquillés, l'instinct de survie, l'adrénaline ayant agrandi ses pupilles, ce qui rendait sa vue apte à l'obscurité. En face de lui, Nicolas était éveillé cette fois-ci, même plus qu'éveillé. Il était blanc, les yeux exorbités, la main dextre cramponnée sur la poignée de son épée, celle senestre à plat contre le sol, comme pour pouvoir se lever plus facilement et bondir. Il était alerte certes, mais un frisson glaçant parcourait son corps des cheveux jusqu'aux orteils. Tancrède mit un doigt sur sa bouche puis fit un petit mouvement de la main, comme pour dire « reste quiet, et attendons ». C'était vrai, peut-être étaient-ce des gens du Roi, donc leurs alliés, ce qui leur permettrait de déguerpir de cet endroit, situé trop proche de l'ennemi. Nicolas sursauta alors, les voix reprenaient et même se rapprochaient. Ils purent en ouïr une première chuchotant presque :

— Je lui mettrais son calot de cardinal dans le cul à ce diable rouge si je l'avais en face. Mirez ce qu'ils ont fait de tout ça.

— Il rend le Roi cornard, en plus de le mener par le bout du nez ! fit une autre, plus grave. Couard et cornard, quel beau Roi que nous avons là !

— Catholique, tu oublies Aldrick ! Avec le pape et les prélats, ils pètent dans la soie, sont couverts d'or de la tête aux pieds, sont gras comme des cochons menés en sape. ! Tandis que le royaume, nous autres, on crève de faim et de la guerre, qui est partout !

Une troisième arriva :

— Tu penses trop, compain, laisse cela à ceux qui ont la caboche pour ! La tienne est creuse comme mon ventre !

Un éclat de rire général retentit, mais bientôt tu par un « chut » d'une intonation encore différente. Merdaille, songea notre héros, ils sont au moins quatre, peut-être plus et pas du même bord que nous. Son acolyte et lui ne bougeaient toujours pas un cil, retenant quasiment leur respiration, de peur de se faire trahir. Dans d'autres circonstances, cela aurait pu être drôle et il aurait même pu se mêler à l'hilarité collective, tant le trait lancé avait été bon. L'intonation neuve, ayant calmé la rigolade des autres, poursuivit :

— Concentrons-nous sur notre besogne les gars, on se marrera de retour en la ville avec les tonnelets de vin que, Yvon, tu dis être sûr d'avoir ici ! Si tu nous as trompés, gare à ta goule !

— Ils seront partis en fumée avec la canonnade, on risque notre peau pour rien les amis, partons !

Tancrède reconnut la première voix, donc celui qui se nommait Aldrick.

Ils se rapprochaient. Que fallait-il faire ? Rester sans bouger et prier pour qu'ils ne les découvrissent pas ou profiter de l'effet de surprise pour leur bondir dessus ? Si c'était eux qui les trouvaient, ils se feraient occire ou même pire, faits captifs. Ils ne bougèrent toujours pas et prêtèrent l'oreille de nouveau. Les Rochelais remuaient la masure, tournaient la paille, soulevaient les décombres pour mettre la main sur ce qu'ils cherchaient. La conversation reprit :

— Mais où est-ce enfin ? Yvon ?

— Sois quiet je vais trouver, cela doit être derrière ces caisses en bois. Ah, Noël les gars, les voici ! dit le dénommé avec ire, sans doute soulagé de pouvoir passer une nuitée à se pochtronner, mais aussi de ne pas subir la foudre de ses comparses, qui lui auraient nul doute fait payer cher cette sortie si elle s'avérait infructueuse.

Il poursuivit :

— Que vous avais-je dit bande de hurons ? On a de quoi s'en mettre plein le gosier haha !

Les autres acquiescèrent de bruiments satisfaits, tandis que celui au timbre grave entonna :

— Foutons le camp maintenant. On n'a encore croisé aucun soldat de l'ost royal mais il n'est pas dit que cela ne se produise pas sur le retour. Soyez prêts, on boira à la santé de nos chefs une fois dans les murs, en sécurité !

— Guiton et les dames de Parthenay ne doivent pas en manquer autant que nous, je suis sûr qu'ils ont tout à profusion ! fit un autre.

Ils étaient donc quatre, c'était quasiment sûr !

— Détrompe-toi, Blaise, ils sont logés à la même enseigne que nous ! As-tu vu Anne la poétesse, déambuler parmi les navrés ? Sa mère fait de même pendant que le maire organise notre défense. Ils ne rendront jamais la ville !

— Vrai Bertrand ! Moi, la Anne, j'irai bien la réconforter la nuit tombée. Je ne sais dire des vers, mais je sais faire d'autres choses !

Les quatre loudiers rirent grassement, puis :

— C'est vrai qu'elle a encore une belle croupe malgré son âge. Ses cheveux cendrés et ses vêtements austères me donnent des idées ou plutôt le braquemart ! Elle n'a jamais été mariée, mais pas pucelle j'en suis sûr !

— Ça, c'est certain, elle doit bien se faire bestourner en dehors des regards ! Tenez, il y a quelques semaines, des compagnons m'ont dit l'avoir vue de nuit ! Ils sortaient d'une taverne et m'ont juré que c'était elle, accompagnée de sa jeune servante. Paraît-il qu'elles étaient couvertes, masquées et se hâtant. Cela devait sentir la galanterie, mes gaillards !

Le cœur de Tancrède faillit lâcher ! Son sang bouillit en lui. Parlaient-ils de son Anne, son aimée ? Cela y ressemblait grandement. Il eut envie de jaillir et de les égorger, tous autant qu'ils étaient, pour avoir ainsi parlé et sali l'honneur de son amour. Il n'en fit rien, car une autre pensée, presque plus épouvantable encore, lui venait. Il savait qu'elle était grande dame mais se pouvait-il que cela soit Anne de Parthenay ? La fille de la grande Parthenay Rohan ? Ah quel malheur, cet amour impossible devenait plus compliqué encore et son admiration pour la dame en noir ne faisait que s'accroître. C'était elle pour sûr, tout concordait. Ils l'avaient même nommée la poétesse. Ne lui avait-elle pas soufflé un quatrain d'une douceur exquise à l'oreille lors de leur unique nuit de romance ? Ses réflexions furent interrompues par ceux qu'il voyait désormais plus que comme de simples ennemis. Les diffamateurs recommencèrent à causer :

— N'étaient-ils pas trop poivres ? Au fond, cela ne m'étonne guère, c'est une femme voilà tout et elle a ses envies. Quant à la jeune chambrière, c'est plutôt elle que je défroquerai, elle a un sacré potron, qui a dû en voir passer, haha !

C'était sans doute le dénommé Yvon.

— Oriabel, si je ne m'abuse, balbutia Aldrick, un sourire scélérat, satyre, devait lui couvrir la hure. Ah oui, quelle croupe ! Un camarade de boisson lui a pincé les tétés et elle n'a dit mot la dernière fois. Elle a, au contraire, ricané et y a, semble-t-il, trouvé son plaisir.

La confirmation de ce que notre blondin amoureux redoutait était donc là. Une Anne avec pour servante une Oriabel ? Impossible qu'il y en eut une autre. Un cliquetis métallique proche de lui devint plus bruyant. La malepeur le reprit, mais il vit en un éclair que c'était Nicolas. Il tremblait de tout son être mais pas de trouille.

Il brûlait de rage et semblait avoir du mal à la contenir, comme à son habitude et comme notre lecteur l'a déjà vu à plusieurs reprises. Pitié qu'il se contienne, pensait Tancrède, tout en lui faisant des yeux écarquillés comme pour lui dire « non, pitié non, retiens-toi, ils vont partir ! » Nous avons aussi déjà vu que ces deux gentilshommes, biens sous tous rapports à première vue, chevaleresques, romantiques, avaient aussi été capables des plus immondes atrocités. Ah, comme ils avaient été héroïques nos Lancelot et Perceval, lorsqu'ils s'étaient promenés aux abords de chaque marre des marécages autour du pont de Feneau, en y piétinant, tranchant, découpant tout goddon s'y trouvant, même s'il pleurait, n'était pas armé, demandait merci !

Malheureusement pour eux, Nicolas était presque en transe, les yeux noirs, la goule rouge sang.

— Partons maintenant, qui sait, on verra peut-être la bougresse dans une ruelle et là, je ne réponds plus de rien !

C'était la grosse voix. Ce fut aussi le mot de trop pour l'explosif jouvenceau offensé qui jaillit de son ballot de paille comme un fou, épée dans sa dextre et main gauche dans sa senestre, hurlant en se jetant sur la bande :

— Je vais vous faire ravaler vos paroles par le cul, tas de menteurs et vous y fourrerai vos couillons !

Tous sursautèrent avec effroi en se retournant et furent encore plus terrifiés par la vision de ce diable sorti de nulle part, leur courant au devant, armes aux poings !

— Agar compains et sus ! gronda l'un des hurons.

En effet, ils ne fuyaient pas ! Bien au contraire, ils faisaient face, sortant leurs gourdins, coutellerie. Certes, de hurons, mais qui n'en étaient pas moins mortels. Tancrède avait bondi lui aussi, ce qui fut moins une surprise, mais fit son effet quand même. À quatre contre deux, les choses seraient peut-être plus équilibrées. Il alla en vitesse au côté de son compain, pour faire face à la meute. Il avait aussi du courroux en lui ! Après tous ces événements, les menteries proférées sur son aimée, la manière dont ils en avaient parlé, bafouée, salie, lui avait chauffé le sang au fer rouge. La douleur, la faim, la soif le tenaillaient.

— Tiens, ils sont deux et de l'autre bord, préparez-vous à mourir, allez les gars !

C'était un gros bonhomme ventripotent, aux braies, chemise en guenilles, nus pieds, la goule toute rouge, le bec vierge de dents intactes et le cheveu mi-court crénelé. Il était fort, grand de taille. Tancrède avait reconnu la voix grave. Il portait dans ses mains un gros gourdin. Notre damoiseau arrivait vers lui tandis que le combat avait déjà débuté du côté de Nicolas.

Il était aux prises avec un gringalet pendant qu'un autre, derrière, posait un tonneau en lieu sûr.

Lui devait être Yvon. Nicolas, tout fougueux et la vision amoindrie, s'était lancé sur son adversaire l'épée haute, cherchant à fendre le crâne du haut vers le bas mais son squelettique adversaire avait bougé sur le côté et asséné un coup de son pied décharné en avant, qui atteignit notre ami dans le bas-ventre, stoppa sa course et le catapulta au sol sur le dos. Merdaille, bien joué pour un cul crotté. Tancrède se mit en garde, plus court et plié que d'habitude, de manière à faire face au lourdaud, la rapière devant et la main gauche plus en arrière.

— Suppôt du Cardinal, ribaud de catholique, tu ne me prendras pas le vin ! Prends ça dans ta goule !

Son gourdin avait fendu l'air horizontalement avec une grande vitesse juste devant lui, à hauteur d'estomac. Un réflexe de ventre rentré et d'un rapide pas vers l'arrière avait sauvé notre blondin tandis que la masse finissait sa course sur un petit pilier en bois. C'était moins une ! Les énormes bras roussis du gaillard, les manches retroussées d'une chemise en lambeaux les couvrant à moitié, avaient accompagné le geste. Notre jouvenceau envoya un coup vers le bas avec la poignée de sa main gauche, qui atteignit le huron au coude, le faisant à peine bouger. Il n'eut même pas le temps de lever les yeux qu'il reçut son front rouge, gros et grand comme une montagne, en pleine goule, lui aplatissant le nez avec une force terrible. Il sentit sa tête et tout son corps partir vers l'arrière avec des craquements d'os et certainement quelques dents. Il vint s'écraser contre une petite table, sur le dos, la vue troublée par son sang qu'il sentait couler à flots et la douleur aiguë, terrible qu'il percevait. Il put alors distinguer l'ogre qui venait le terminer avec un autre coup de gourdin mais vertical, pour lui écraser le crâne. Tancrède se jeta vers la dextre en terminant au sol. Sa rapière était partie avec tout cela mais sa main gauche, cette grande lame affûtée avec sa grosse coque protectrice ne l'avait pas quitté. La massue du huron géant broya la table et il la releva aussi sec pour revenir à l'assaut. Un terrible hurlement retentit, provenant sans aucun doute de l'autre combat et il n'y avait ni la possibilité, ni le temps de savoir lequel avait été, sans doute, touché. Il fallait sauver sa peau et occire ce sanglier ! Le bougre était en tout cas costaud et avait bien le dessus. Sa cognée allait fendre l'air de nouveau, de la même manière, mais Tancrède, à terre et ne pouvant esquiver ou bondir de côté, fit encore mieux. D'un geste du bras senestre, il planta la longue lame de sa dague dans un des mollets du balourd, qui poussa un hurlement de bête. Son arme au-dessus de la tête s'était immobilisée par ce coup qui lui avait bien transpercé les chairs. Tancrède retira sa lame et un flot de sang pissa comme une fontaine.

Il sentit un muscle ou un tendon se fendre, accompagné d'une veine. Pourvu que l'artère soit touchée, le gros sac se viderait en quelques minutes ! Cela n'arrêta en rien le bâton qui vrombit de nouveau. Notre damoiseau avait eu un léger moment de répit qui lui avait permis de remettre un pied et un genou à terre, si bien qu'il roula de côté. Il n'avait pas lâché sa main gauche, qu'il mit dans sa main dextre, tout en se relevant. L'autre souffla comme un bœuf, puis jeta un coup d'œil à son mollet qui pissait comme une barrique percée. Tancrède se remit debout et essuya d'un revers de manche le sang qui perlait sur son visage et troublait sa vue, il allait le lui faire payer cher, la rage d'occire s'était emparée de lui à nouveau. Un autre larron de la bande se mit côte à côte du géant. Il avait pour le moment assisté au combat, pensant que son compain n'allait en faire qu'une bouchée mais le vent avait un peu tourné. Ce dernier avait l'air moins fougueux, mais mieux armé, car il avait une sorte de fauchon, une courte épée d'un autre siècle à lame courbe, sans doute héritée d'un aïeul péquenot appelé au combat.

De l'autre côté de la grange, les fracas ne s'étaient pas interrompus et le même hurlement continuait. Tancrède, cette fois-ci, put jeter un œil. Il vit Nicolas au corps à corps avec le quatrième scélérat, au petit couteau, à terre, luttant avec acharnement. Il regarda plus loin et vit le premier face-à-face de son ami, beuglant à l'agonie. Son avant-bras dextre ne tenait plus au reste que par une veine ou deux. Il avait été sectionné. La mare de sang et de chair était affreuse. Le bougre ne trépasserait pas tout de suite, son agonie serait lente et douloureuse.

— Catin de catholique, je vais te couper les couillons !

C'était le nouvel arrivant dans la lutte, qui toisait notre blond jouvenceau. Serrant sa main gauche espagnole dans la main dextre, il lui fit face :

— Viens prendre ta raclée, coquin, ou plutôt venez ! Un sac d'os et un sanglier ! Quel beau couple vous formez ! leur envoya-t-il un sourire aux lèvres. Un sourire de mort !

Et il s'avança tranquillement vers ces derniers, qui en firent de même.

Le squelette attaqua à dextre et l'autre à senestre. Le fauchon frappa de taille, paré en tierce, par la coque de l'arme de notre héros, qui poussa l'arme courbe de l'affreux en même temps, pour l'éloigner. Le sac d'os gicla sur le côté pendant que le géant tentait sa chance à senestre où il reçut de notre damoiseau en feu, un grand coup de botte en plein dans les parties. L'affreux se plia en deux, trébuchant sur sa jambe navrée. À dextre, le malandrin tenta de se remettre en position mais la même coque vint le frapper en pleine mâchoire. Sa tête partit en arrière, accompagnée d'un bouillon rouge qui éclata de sa hure. Ses lèvres, dents partirent en éclat. Au même instant, Tancrède sentit une douleur terrible le prendre à l'épaule.

Le gras huron s'était vite remis, même d'une rapidité impressionnante et lui avait abattu son gourdin dessus, avec la force que notre lecteur avait déjà pu apprécier. Le malheureux chancela, tomba un genou à terre, les mains en avant, pétri de souffrance, un mal aigu qui rappela à son corps tout ce qu'il avait enduré ces derniers temps le parcourut. Le sang coulait comme une fontaine de son nez en purée. Il reprit ses esprits, cracha un chicot, ce qui décupla sa hargne. « Tu ne vas quand même pas te faire mettre mat par deux culs-terreux ! Affreuse, honteuse épitaphe que cela ferait ! Ci-gît Tancrède de Montvallon, occis par un bouseux décharné et un autre gras comme un porc. Non, Réagis ! » La défense devait faire place à l'attaque. Ne plus penser à la torture qui le parcourait. Garder la tête froide et trancher, piquer, tuer ! Les ribauds revenaient à l'attaque en même temps, comme des démons, ce à quoi ils ressemblaient encore davantage avec les navrures reçues. Notre damoiseau sévèrement blessé, plongea en avant dans la terre et la paille, la dague haute. Celle-ci rentra dans les couillons du plus mince. C'était Yvon, reconnu aisément, car trop occupé au départ à cacher sa vinasse plutôt que de béhourder. Il meugla de douleur immédiatement en poussant un cri terrible, qui aurait réveillé des morts ! Tancrède eut à peine le temps de tourner la lame afin de labourer les chairs, qu'il dut la laisser planter pour esquiver à nouveau le maudit bâton. Le nouvel eunuque braillait comme un porc, les deux mains sur son entrejambes, tentant de contenir les pissats de sang qui partaient, avec sa virilité.

— Il m'a ôté les couillons le salaud ! Ah je ne pourrai plus bestourner !

Le castrat tomba à genoux dans un flot de vociférations et de sang.

Tancrède venait d'éviter un nouveau choc mais son épaule le cuisait, sa hure était en feu et il sentait de nouveau sa navrure au flanc de Ré. En piteux état était notre éphèbe, qui savait néanmoins que tout cela était superficiel.

Que devenait Nicolas ? Pas le temps d'y penser car le ventripotent enragé était loin d'être mat et revenait même à la charge.

— Tu es fini, fils de follieuse, foi de Bertrand !

Encore la massue qui fendait l'air. Notre jeune gentilhomme n'avait lui, plus d'arme en main. Il fit une roulade ou plutôt un plongeon désespéré vers l'avant puis un autre, sans même savoir vers quoi, mais il fallait s'éloigner de l'ogre coûte que coûte. Son front heurta quelque chose de dur et mou à la fois. Étendu sur le ventre, il releva la tête pour se repérer. Merdaille, vision d'horreur, c'était le huron dont son ami avait sectionné le bras.

Notre damoiseau se releva, encore plus couvert de sang qu'il ne l'était déjà et vit que l'amputé avait aussi la gorge tranchée jusqu'à l'os, d'une oreille à l'autre. Le sang chaud s'écoulait encore partout et l'on voyait même le larynx, la trachée, coupés net.

Son ami avait l'air de s'en être mieux sorti que lui et c'était un combat pour la survie, leur survie, tout était permis. Nicolas avait déjà été charitable de lui ôter ses souffrances mais ce n'était pas encore le moment de s'y attarder. Même si maintenant un adversaire était hors d'état de nuire et l'autre certainement un peu odé par l'énergie dépensée, sans oublier son sang se vidant, le combat était loin d'être gagné pour notre galant, devenu maintenant un guerrier expérimenté. Il n'avait plus de quoi combattre mais une fois remis sur ses jambes, il vit qu'il avait réussi à prendre un peu de distance vis-à-vis de son adversaire, grâce à ses plongeons. Des cris, des hurlements, des gémissements, tous les pires râles de l'enfer résonnaient, de tous côtés. Cette grange dans laquelle il y a peu, devaient brouter en paix quelques vaches, s'était transformée en boucherie à humains. Un égorgé, mat, dans son sang à ses pieds. Un autre hurlant comme une jouvencelle, la castration subie ayant peut-être déjà fait son effet, le bas-ventre en bouillie et se tordant comme une limace. Deux, au corps à corps, à terre, luttant au petit canif. Son balourd et lui, reprenant leur souffle, pissant le sang. Quelle horrible scène, mais il fallait occire, occire pour vivre ! Ah si seulement Nicolas ne s'était pas courroucé à ce point. Peu importe, nous aurions été vus tôt ou tard, c'est peut-être mieux ainsi finalement ! Allez, au combat ! Pas d'arme la merdaille ! Regard tout autour, rien ! Le phacochère vermillon revenait à la charge, courant, meuglant, la matraque haute, sa fureur étant revenue à la vue de ses comparses mats ! Tancrède chargea aussi, c'était sa seule chance. Comme ils se jetaient l'un vers l'autre et que le bâton amorçait sa trajectoire destructrice descendante, notre ami plongea vers lui, la hure la première ; manœuvre qu'on eut pu qualifier de désespérée dans d'autres circonstances. Il heurta le poitrail du vilain et prit quand même un coup de gourdin sur le dos mais les deux partirent à la renverse vers l'arrière, se retrouvant au sol, Tancrède sur lui. La lutte commença, après une demi-seconde de battement car le choc avait été sévère. La tête du ribaud avait cogné avec fracas mais il luttait de toutes ses forces et saisit notre damoiseau au cou avec les deux mains, le serrant comme dans une presse. Tancrède suffoquait, il fallait réagir. Il envoya son front vers l'avant avec tout ce qu'il lui restait de vigueur. Le coup de boule éclata le nez de son opposant, qui commença à desserrer un peu sa prise. Cela aplatissait encore plus sa goule mais cela fonctionnait, il fallait continuer ! Il lui en mit un second puis un troisième. Le sang giclait, il ne voyait plus rien, tellement cela pissait ! Leurs deux sangs mêlés, des bouts de chair, de dents, d'os volaient, c'était une boucherie !

La caboche du mammouth avait encore tapé le sol puissamment à l'arrière pendant que le front de Tancrède lui labourait la hure encore et encore. Ce dernier, voyant que le dur à cuire était encore conscient, releva alors ses deux mains pour lui saisir la goule et en poussant des cris de rage, la martela de chaque poing en rafale. La boîte crânienne craqua puis finit par exploser, laissant s'échapper la cervelle. Cette fois, il était mat ! Tancrède roula sur le côté, pour enfin souffler et s'écarter de cette bouillie abominable. Il en vomit même, tellement c'était atroce, tellement ses navrures le cuisaient. Sur le dos, il souffla. Autour de lui, un silence mortel.

Il n'avait même pas la force de voir où en était son compain, et on n'entendait pas un bruit, donc soit il était mat, soit victorieux, mais dans le même état que lui, sans nul doute. Il clôt les yeux quelques instants. Adviendrait ce qu'il adviendrait, il était las, si las !

Toujours en le faubourg Tadon

Il rouvrit les yeux lorsqu'il sentit et entendit un corps s'étendre à côté de lui. Encore une attaque ? L'un de ces malandrins était-il encore debout ? Des renforts étaient-ils arrivés ? Il se détendit lorsqu'il reconnut la voix ou plutôt un râle de son ami, qui se posait à ses côtés.

— Ahah dit-il, quelle bagarre ! Et bah, tu es bien abîmé, mon compain !

— Dieu soit loué, tu es en vie ! Durement navré ?

Tancrède avait redressé la tête en disant cela, pour tenter d'apprécier l'état de son frère d'armes.

— Ni moins ni plus que toi, sois quiet, cela ira. Mais qu'est-ce qu'ils ont pris ces culs-terreux ! Haha.

Il explosa d'un rire salvateur, vainqueur mais las puis poursuivit :

— Regarde ce qu'il m'a fait l'autre !

Et il ouvrit avec peine le pan senestre de sa chemise, ou plutôt ce qu'il en restait, laissant alors apparaître une plaie assez petite mais nette, qui avait l'air profonde et dont le sang jaillissait.

— Tudieu, il faut te panser, que cela s'arrête de pisser !

Tancrède, oubliant ses propres maux, enleva son pourpoint, puis déchira sa tunique en longues bandes, qu'il serra en bandage sur la vilaine blessure de son comparse.

— Le fils de ribaude avec qui j'étais au corps à corps m'a fait ça avec sa petite lame de sodomite ! Serre fort l'ami !

Et il tenta de contenir un râle de torture.

— Il nous faudra faire du feu et cautériser dès que possible, que cela ne s'infecte pas. Nous savons désormais comment faire, grâce à l'ami de Boniface qui s'est occupé de moi sur l'île maudite. Ah pauvre Boniface ! Que je le regrette ! Quant à moi, rassure-toi ça va aller, j'ai vu bien pire. Mon épaule me cuit, je dois avoir des côtes cassées et ma hure, je ne la vois pas mais je pense que mon nez et ma mâchoire sont en vrac !

— Ça n'a plus l'air de saigner, compain, mais tu as une goule à faire peur, on dirait un lépreux ! Tel Beaudoin de Jérusalem, dont la face aurait commencé à pourrir ! Hahahah, mais rassure-toi, ta belle n'y fera même pas attention !

Tancrède fut ému aux larmes par cette gentillesse de son ami, ce qui n'était pas vraiment dans ses habitudes.

— Je te regracie mon frère vraiment. On va se trouver un coin pour mieux te panser et à la vesprée, nous gagnerons les lignes amies à moins que le bruit de notre barouf avec ces porcs n'ait attiré allié ou ennemi ! Ah, je ne pourrai pas survivre à un autre béhourd ça, je te le dis, ni à une autre cavale.

— Moi non plus, ah ça non ! répondit Nicolas, qui s'allongeait à côté de son ami.

Il mit une main à son flan, sur sa navrure en grimaçant, puis la regarda et poursuivit :

— Je ne saigne plus beaucoup, ça, c'est le bon point. Quel combat de huron nous avons mené ! Me vautrer dans la merde au petit coutelas. J'aurai préféré férir de l'épée. Ah en plus, il avait de la force le fils de follieuse, j'ai bien cru que j'allais y passer. Nous étions tombés lui sur moi, chacun notre petite lame dans la main dextre. Te rends-tu compte ? Celle que je cache dans ma botte, ah quelle misère. Donc nous nous battions l'un sur l'autre, il tenait fermement mon bras armé, je faisais de même avec le sien mais il arriva à le dégager vers le bas et à me frapper au flan, avec son bec d'oiseau émoussé. Crois-moi l'ami, j'ai eu mal, moult mal même mais ça m'a plus courroucé qu'autre chose et tu me connais, quand c'est comme ça… laissant deviner la suite à son ami.

Il s'interrompit par un rire qui lui provoqua une quinte de toux. « Pourvu que le poumon ne soit pas touché », pensait Tancrède, mais la plaie était plus basse et avait effectivement l'air d'aller mieux. Il le laissa reprendre :

— La douleur abominable m'a fait voir rouge. J'ai réussi à me retourner d'un coup de reins et ai basculé sur lui. Son couteau était resté planté en moi, tu parles d'un cadeau ! Mais le cornard était alors à ma merci. Je lui ai immobilisé les bras avec mes genoux, me suis assis sur son corps de carogne de huguenot et l'ai martelé de coups de poing ! Ah, j'en ai hurlé tellement je lui en ai mis dans sa goule, qui ne ressemblait plus à grand-chose, soit dit en passant ! De la chair à saucisse, j'en ai fait de sa hure de péquenaud ! Quand je fus las, j'attrapais une pierre non loin et finis de lui défoncer la caboche avec ! Entre-temps j'avais ôté ce coutelas à beurre de manant de mes chairs. Heureusement aucune artère n'a, semble-t-il, été touchée sinon je serai déjà mat, me vidant de mon sang comme un bœuf qu'on égorge. On a failli se faire occire par des hurons, quelle honte !

— Oui Tudieu, ce fut une sacrée escarmouche l'ami, mais il faut qu'on déguerpisse, nous ne sommes pas en sécurité, on a fait un énorme bouquant ! avait dit Tancrède, qui s'était soudainement relevé.

Les plans allaient devoir changer. Il n'y avait en effet même pas le temps de se soigner, il fallait filasser. Il reprit, blême et la main sur son menton, tournicotant ses poils, agglomérés par le sang, la sueur, les éléments :

— Imagine si les leurs débarquent et voient les corps ! On se ferait encore plus durement tourmenter !

— Oui, allez, on filasse, faut pas qu'on reste dans le coin, ça n'est pas encore gagné !

Nicolas, le cerveau et le corps, alertés par l'instinct de survie pour ne pas dire cagade, s'était déjà mis à genoux pour prendre ses armes et cape.

— Prenons la vinasse aussi, ça ne sera pas de trop !

Tancrède se leva d'un bond mais fit une petite pause une fois sur ses jambes, la tête lui tournant et son nez le faisant souffrir ! Il cracha un mélange de sang et autres bouts de cartilage, chair, tout ce qui avait été détérioré par les malandrins. Le temps n'était pas à penser à son allure mais plutôt à sa vie car, en effet, le danger était encore omniprésent.

Ils quittèrent donc la funeste grange, un dernier regard vers l'intérieur, une fois dehors. Quel carnage, pourvu que les Rochelais ne tombent pas sur ce tableau. Une masure déchirée par les boulets de canons, sans dessus-dessous, couverte de sang, de viscères et de quatre corps salement gâtés. La nuit était encore bien sombre, malgré le fait que la vesprée arriverait certainement rapidement. La notion du temps avait disparu pour nos deux fugitifs. Deux ombres aux allures de morts-vivants, courant, le dos baissé, dans l'obscurité, parmi les ruines de ce qui fut il y a quelques heures ou jours à peine, un faubourg de la cité.

Tancrède s'arrêta net à un moment, imité par son comparse qui pensait que quelque chose s'était passé, mais pas un bruit, un silence d'outre-tombe. Ils se regardèrent et décidèrent, parlant par gestes, de se mettre dans un coin pour respirer un peu. Une petite masure n'avait pas été éclatée et celle-ci était déjà à une centaine de toises du lieu de la rixe. Le danger, s'il subvenait, serait donc le fruit du hasard, de la malchance ou du malin selon son opinion. Les deux amis s'y trouvèrent un petit coin presque douillet. Ayant trouvé un tas de paille, un baquet d'eau, ils purent se remettre tant bien que mal, surtout s'allonger. Alentour, aucun bruit, aucune lumière, aucune parole non plus. Nos bataillards étaient chacun dans leurs pensées, se remémorant la journée terrible qu'ils venaient de passer. Tancrède avait été rassuré, Nicolas lui ayant dit qu'il n'était pas si défiguré. Le nez se remettrait, les chairs aussi, les dents qui avaient sauté n'étaient qu'au nombre de deux et pas celles de devant. Il pensait à sa dame et à ce qu'il avait appris. Son ami devait penser à la sienne aussi car il dit avec un air rieur :

— En tout cas, mon salaud, ta belle n'est pas n'importe qui ! Haha.

— Hélas ! répondit l'intéressé, c'est une catastrophe, c'est la chef de la résistance et la plus grande défenseuse de la cause huguenote. Si l'on nous voit ensemble, je serai écartelé ! Et toi aussi ! Maîtresse ou servante, c'est la même chose !

— Dame d'alentour, s'il te plaît, rétorqua Nicolas un grand sourire aux lèvres. Moi ça ne me dérange pas, ça agrémente encore l'aventure !

Il en était content l'idiot, ça le faisait rire ! Son ami, lui, était épouvanté par ces révélations. La voir lui serait encore plus difficile, même impossible. Il avait tout de suite décelé chez elle une grandeur, une noblesse qui l'avaient attiré mais tout de même point de cet acabit. Il avait entendu parler des deux Parthenay, mère et fille ou plutôt Rohan.

Une guerrière et une poétesse chaste, toutes deux laides et austères comme leurs tenues vestimentaires. Rien n'en était, enfin presque rien car cette hauteur ou distance ou pudeur – il ne pouvait le dire – qu'il sentait chez elle, pouvaient correspondre à la description faite. Vieille fille ? Non, Juste jamais mariée ! Elle n'était pas femme à servir un homme. Sa liberté, son bon vouloir mais aussi son autorité dictaient qui elle était. Il n'avait jamais connu pareille femme. Chaste disaient-ils ? Pas tout à fait se disait notre héros, qui se détendait le corps et l'esprit en se remembrant cette nuitée d'amour intense. L'autre en faisait autant et ils demeurèrent ainsi allongés, las de corps mais réconfortés de cœur par ces pensées, dans un silence qui semblait désormais plus de paix. Ils fermèrent tous deux les yeux. Que cela faisait du bien, ils en oublièrent presque la guerre.

Mais à peine quelques minutes étaient passées que de grands bruits et nombreuses voix se firent entendre. Elles devenaient de plus en plus intelligibles donc se déplaçaient vite. Nos amis avaient sursauté de tout leur être. Pas encore, non, se disait Tancrède !

Ils restèrent quiets mais alertes, sans faire le moindre mouvement.

— Les gars, venez voir le carnage ! entendit-on un peu plus loin. Puis des hurlements, des injures et même des haut-le-cœur ou plutôt des vomissements. Les nouveaux acteurs de cette nuit macabre qui n'en finissait pas, avaient trouvé le lieu du massacre, cela se corsait vraiment !

— Par le cul de tous les Saints, mais qui a fait ça ? gronda une voix par-dessus celle des autres ?

Cela vociférait dans tous les sens et c'était certain, le groupe n'était pas des amis ! Des sons d'acier, de lames sortant de leurs fourreaux, merdaille de merdaille ! Tancrède put alors entendre :

— Ils sont encore chauds, leurs tueurs ne peuvent pas être loin, trouvons-les, les gars, ils vont payer !

— À mort ! À mort ! fit la clameur générale. On va leur faire rôtir les couillons !

— Dispersez-vous, il faut les débusquer !

Encore le même grave brame et toujours ces sons de fer, se rapprochant à la vitesse de la lumière.

— Foutons le camp, compain !

Nicolas s'était levé en une fraction de seconde et disant cela à son complice, il avait déjà commencé à fuir, encore, vers le seul chambranle qui donnait sur le dehors. Tancrède était sur ses talons et ça continuait à gueuler des insanités. La peur l'avait gagné, celle qui vous glace le sang mais vous pousse à agir. L'instinct de survie animal ! Vite dehors !

Ils étaient à l'air libre et dans la direction opposée de celle du massacre découvert, l'on y voyait mieux, le jour se levait même, semblait-il. Tancrède, qui s'attendait à pouvoir déguerpir, vit un rempart d'hommes devant eux, presque en arc de cercle. Merdaille ! Cela aurait été trop facile ! Peste ! Chacun avait une vraie épée en main cette fois-ci car ils n'avaient pas affaire à des hurons. Mais quelle poisse, quand même ! L'adrénaline heureusement fusait dans ses veines. Tancrède ne sentait plus rien, plus aucune douleur mais plus aucun sentiment ni peur non plus. Cela avait l'air d'être pareil pour Nicolas qui était déjà en garde, la rapière haute et la fameuse arme de « main gauche » dans la main du même nom. Sa grosse garde protégeait tout, le poignet et la main, les longs quillons permettaient la parade voire, la casse du fer adverse. Enfin sa longue lame était aussi mortelle qu'une vraie rapière. Tancrède tira la sienne de son fourreau tandis que personne ne bougeait, toute l'assemblée enveloppée dans un silence de mort. Notre blondin les compta, six carognes, cela s'annonçait encore une fois sanglant mais les deux compains n'en étaient plus à cela près, cette journée de guerre serait donc interminable !

— Messieurs, nous sommes gentilshommes et avons déjà trop guerroyé en ce jour contre des ennemis qui ne sont pas les nôtres !

— Fils de ribaudes, après avoir massacré nos frères, tu as de la vergogne !

Un homme grand de taille, habillé tout en noir, une rapière à coque espagnole haute, avait prononcé ces mots.

Les autres autour ne murmuraient que des grognements et des grincements de rage, de vengeance, de sang. Le gaillard ressemblait à un gentilhomme, en tout cas il en avait les manières et il devait savoir escrimer. Nicolas baissa ses armes pour l'invectiver, le plus naturellement du monde :

— Eh, faut pas charrier, on fuyait la canonnade et on cherchait à se reposer quand vos compains nous sont tombés dessus. On ne cherchait pas à se battre et on s'en fout bien de cette guerre !

Son air désabusé, faisant face, les bras bas, aurait pu être presque drôle si les circonstances n'avaient pas été des plus sérieuses.

— N'empêche qu'ils sont mats et que tu as avoué, damoiselle ! dit un autre loudier qui lui, était gras comme un cochon, avec des airs moins chevaleresques. Vous allez payer !

Tancrède, qui sentait le combat arriver se mit en garde, couvrant la moitié dextre de l'agora formée autour d'eux. Son ami fit de même à senestre. La rage, qui s'était emparée de celui-ci au combat précédent semblait revenir. Le juron du porcinet devait y être pour quelque chose. En revanche, ce fut Tancrède qui parla le premier :

— Six contre deux, beaux lâches que vous êtes. Le diable rouge a fait interdire les duels. Ceux-ci avaient au moins la noblesse du « un contre un » comme nos aïeux chevaliers. Les vôtres ne devaient pas l'être car vous agissez avec la noblesse de cul-terreux, ce que vous êtes ! Allez mes gredins, attaquez-moi tous en même temps, je vous mettrai ma rapière dans le potron jusqu'à la bouche !

Tout le petit groupe fut piqué par ces propos et se jeta sur les deux jeunes hommes. Tancrède avait bien changé depuis qu'il avait réellement connu le sang et encore plus depuis qu'il l'avait fait verser. Il le savait, il avait été transformé à tout jamais, le regrettait de toute son âme, mais il savait qu'il était capable de la plus grande violence, sans pitié aucune ! Il avait pour l'heure, envie de trancher la gorge à toutes ces silhouettes qui venaient vers lui à toute vitesse.

Clac ! Les fers se croisèrent de chaque côté dans une lueur et des étincelles. Nos amis jouaient des deux mains, ou plutôt des deux lames, pour parer les premiers coups.

— Arrêtez ! Tous ! tonna une voix extérieure, mais que notre héros crut reconnaître malgré le boucan du béhourd. Une voix autoritaire et de commandement car tout le monde se figea, en regardant vers là d'où celle-ci venait.

Stupeur ! Nos damoiseaux n'en crurent pas leurs yeux ! Cette voix, cet homme, c'était leur Florentin à un œil ! La providence l'avait envoyé mais qu'allait-il se passer maintenant ? Certes, ils le connaissaient et il était un peu devenu leur bienfaiteur mais tout était possible dans cette terrible guerre, que rien n'épargnait. Chaque fois que cet homme, cet espie, ce fantôme même, leur apparaissait, derrière une porte, dans un recoin, c'était bon signe, quoique surprenant à chaque fois. En effet, c'était par lui que les nouvelles d'Anne et Oriabel arrivaient, même si cela ne s'était pas non plus beaucoup produit. L'ombre italienne apportait des petits mots sentant le parfum fin et onéreux puis, s'évanouissait comme il était venu, sans un bruit, sans une vague, sans attirer l'attention, malgré une allure plus que particulière.

Les rapières avaient arrêté de tinter, mais elles étaient encore là, trop nombreuses pour nos damoiseaux, odés, transis de froid, de douleur, d'ecchymoses, de brûlures et de sang. Le cyclope reparla à voix haute, magistrale et teintée de son accent chantant, tout en s'avançant vers l'attroupement :

— Ces deux-là sont pour moi !

— Mon cul, l'Italien, ils sont à nous ! cria le costaud imité par ses comparses, toujours avides de sang et de vengeance.

L'ombre vêtue de noir, à l'œil crevé, s'avança, se fit plus nette. Il avait l'épée à la main.

Le premier qui avait tantôt causé, celui à l'allure plus noble que les autres, dirons-nous, et qui semblait mener la bande, dit sèchement :

— Gualtierro, laisse-les-nous, ne nous fâchons pas pour deux catholiques qui ont mis quatre des nôtres en charpie. Pourquoi y tiens-tu ? Pourquoi as-tu sorti ta lame de son feurre ?

L'atmosphère était chargée, tout le monde était sur ses gardes, les épées s'étaient néanmoins relevées. La bande de malandrins s'était crispée à cette arrivée imprévue. Ils tenaient à venger leurs morts !

— Ils ne sont pas pour moi mais pour le commandement si tu veux tout savoir Geoffroy !

Le Florentin avait encore fait quelques pas en disant cela, la pointe de sa longue rapière tintant le sol et ce bruit rajoutant encore de la tension à la situation. Tancrède et Nicolas n'avaient pas lâché leur armement mais suaient à grosses gouttes.

— Ah, pour ta patronne ou plutôt tes patronnes ! C'est vrai que le « Sinore » est tenu en laisse par des femmes !

Le Geoffroy avait tiré à boulet rouge, ce qui fît ricaner ses affreux comparses.

— Ces femmes comme tu dis, ignare, sot, vil que tu es, te sauveront de la malemort dans cette guerre ! Guiton y veillera aussi ! Si moi, je commandais, je me ferais un malin plaisir à te voir crever à petits feux ! Tu n'as pas plus de cervelle qu'un moineau et pas plus de bachellerie qu'une ribaude. Ton nom n'empêche pas ta couardise !

Leurs longues rapières à tous deux se toisèrent de la pointe en une fraction de seconde. Notre Italien avait de l'esprit et de la repartie. « Merdaille, se disait Tancrède, c'est de pire en pire ! Mon Dieu, faites que cette journée se termine mais surtout que nous y survivions ! »

Personne dans l'assistance ne bougeait, ni même les escrimeurs qui commençaient à se tourner autour, en garde, alertes, les pointes l'une contre l'autre. Le dénommé Geoffroy, tout en continuant ses mouvements et sans quitter les yeux, enfin l'œil de son adversaire du regard, dit calmement :

— Soit, si c'est pour les chefs, c'est qu'ils sont importants. Soit, et vous pas un mot, mes compains, nous les tuerons un autre jour. Si ça peut nous aider à gagner cette foutue guerre et à ce qu'on nous foute la paix, soit !

— Te voilà redevenu intelligent, tu as compris !

Gualtierro baissa son épée et se tourna vers nos deux amis.

— Vous, venez avec moi, et ne tentez aucune finasserie, sinon il vous en coûtera !

Les intéressés remirent dans leurs feurres leurs dagues et avancèrent comme il leur avait été demandé, mais notre blondin se triturait l'esprit de questions. A-t-il fait cela pour les sauver, en jouant un peu la comédie ?

Mais à l'inverse, il se remémorait les mots prononcés. « Eux ? Les aider à gagner la guerre ? » Le borgne jouait peut-être un double jeu. Ce coquin savait qu'ils n'étaient pas que deux simples soldats de l'ost royal. Mais cela voudrait dire qu'il servait le maître du camp d'en face alors, le cornard ! Il pensa à une autre chose, la plus importante sans doute, il allait la revoir, forcément cela ne pouvait en être autrement ! Il n'avait jamais été aussi proche d'elle physiquement et le porteur de messages était aussi son homme de confiance. Il adviendrait ce qu'il adviendrait mais il la reverrait, dut-il trépasser après, il n'en avait cure. Cela bouillonnait-il autant chez son compain qui semblait l'interroger du regard, sans mot dire ? Nul doute que le même flou le possédait !

Au même instant, c'est-à-dire un peu avant les premières lueurs du jour, de l'autre côté de la ville, de la baie, un homme était déjà debout. Il venait sur la digue, afin d'admirer son œuvre. Il était dans une armure sombre qui lui allait à merveille, sa longue cape rouge par-dessus, flottant au vent et au rythme des embruns.

Le temps se gâtait de nouveau mais il s'en moquait éperdument ! Oui, c'était son œuvre et cela serait sa victoire ! Coûte que coûte ! Il avait été mis au fait, tard la veille, que les dames de Parthenay s'occupaient de la populace, tandis que le maire Jean Guiton se chargeait bien entendu de la défense. Son Éminence, la moustache parfaitement taillée, filée, regardait avec défi, mais aussi avec ironie et même rage La Rochelle la diablesse. Il la prendrait et tout ce qu'il y avait en elle aussi ! Ses lèvres esquissèrent alors un sourire, un canon fort proche de lui venant de tirer sa première bordée. Il ne restait plus qu'à attendre, tout était parfait ! Il continua à respirer l'air de la poudre, de l'iode et de la victoire, qu'il savait certaine, puis tourna les talons pour rentrer dans son tref.

Épilogue

Le Florentin leur fit signe de la main, tournant le dos à la bande de coupe-jarrets et commença à essayer de se frayer un chemin en direction de la ville. Personne ne dit mot. Ils allaient donc suivre l'Italien et échapper au coupe-gorge, mais à peine avaient-ils fait quelques pas, qu'un coup d'arquebusade ou de pistolade retentit ! Tancrède vit le malandrin bien portant qui avait parlé plus tôt, pousser un cri minuscule alors que sa hure explosait. Un trou entre les deux yeux, l'arrière du crâne crachant du sang, il tomba en avant, raide mat ! Tous se courbèrent alors que d'autres tirs se firent entendre, suivis de voix, nombreuses, qui se rapprochaient. Des cris de charge ! Une balle de mousquet frappa un muret de roche, proche de nos amis et leur fit baisser la tête. Merdaille, qu'était-ce encore ? Ou plutôt qui était-ce ? Les leurs ? Sans aucun doute ! L'Italien, courbé lui aussi leur faisait des gestes, les intimant à le suivre, sortir de cette nouvelle embuscade, laisser les autres subir cette nouvelle attaque sans y prendre part. Vite ! Tancrède et Nicolas entendaient dans ce tout début de fuite les hommes arriver derrière eux hurlant de concert : « À la mort les huguenots, à la mort ! » C'était les leurs, que fallait-il faire ? Nicolas talonnait Gualtiero, l'instinct de survie encore. Fuir la mousqueterie et encore plus le corps à corps qui arrivait. Tancrède les rejoint alors que les premiers tintements d'épées qui se choquent, accompagnés du boucan des assaillants, ceux des premiers navrés et aussi sans doute ceux des premiers morts, se faisaient ouïr. Cette sanglante musique qui les avait accompagnés tout le jour et même depuis bien plus longtemps. Sans qu'il y ait un quelconque rapport à première vue, la mort frappait partout autour d'eux, depuis qu'ils avaient rencontré leurs dames.

Survivre, revoir sa belle, donc suivre le borgne ! Voilà quels étaient en cet instant les instincts de notre héros. Les trois hommes allaient réussir à prendre le large, quand une voix qu'ils connaissaient si bien, retentit et les glaça jusqu'à l'os :

— Ah je le savais ! Foi de Gascon, je le savais ! Les traîtres !

Ils virent alors apparaître, à leur côté senestre, s'étant déjà taillé un chemin dans la mêlée, Armand de Bussac ! Seigneur pas lui ! Il se tenait, la rapière déjà sanglante au poing, en tunique de mousquetaires, maculée elle aussi. Nos deux amis se figèrent, blancs comme la mort elle-même, le regard tourné vers la pire apparition qu'ils pouvaient avoir. C'était bien le mousquetaire avec qui ils avaient fait randon, même ambassade, à La Rochelle, avant que la guerre ne commençât. Celui même qui avait su leurs sorties et les suspectait déjà depuis un moment. Cela ne pouvait être pire ! Quelle journée tout de même !

— On est captifs ! hurla Nicolas à son encontre. Plusieurs toises les séparaient. Le soldat cracha de déni, les mirant avec la plus grande haine mais il fut interrompu par un des malandrins d'en face, qui lui avait sauté sur le dos, une dague au poing. Le bougre tombait à pic !

Le soldat du Roi se débattit, portant ses bras autour de son cou pour se libérer de son adversaire. Sa force, mêlée sans doute à sa rage, lui fit s'en défaire rapidement.

Le temps qu'il transperce son assaillant, en le clouant au sol de sa longue lame, Gualtiero, Tancrède et Nicolas avaient bondi à travers les buissons et arbres, déjà hors de sa portée.

Nos amis, qui couraient après l'Italien, se regardaient éberlués.

— On va où ? demanda Nicolas au borgne.

Ne cessant sa danse à travers la végétation, celui-ci répondit simplement, mais cela fit tant écho dans le cœur des damoiseaux :

— La Rochelle !

Table des matières

Éditions Erick Bonnier
5, rue du Helder
75009 Paris

N° d'impression :